ジャーナリストが戦場で見た
市民と愛国

ウクライナはなぜ戦い続けるのか

高世 仁

旬報社

目次

ウクライナ略年表

西暦（年）	出来事
882	「キーウ・ルーシ」公国の創設
1238-40	モンゴル軍により「キーウ・ルーシ」が崩壊する
1362	リトアニア大公国とポーランド王国の領地となる
1553	ザポロージェ・シーチ（コサックの根拠地）の創建
1569	ウクライナがポーランドに併合される
1648	コサックのヘトマン（首領）、ボフダン・フメリニツキーがコサック国家を創建
1667	ドニプロ川を境にポーランドとロシアに分割される
1699	ポーランド、コサック自治制を廃止
1709	コサック軍、ロシア軍に戦いを挑むも破れ、ロシアによる植民地化が始まる
1795	ウクライナがオーストリア帝国とロシア帝国に分けられる（ポーランド分割）
19Cなかば	オーストリア1848年革命によりウクライナ民族解放運動が活発になる
1863	ロシア政府、ウクライナ語の印刷と教育を禁止
1917	3月 ロシア帝政が崩壊（2月革命） ウクライナ中央ラーダ（国民議会）が創設され「ウクライナ国民共和国」樹立宣言
1918	1月 ウクライナ国民共和国の独立宣言。赤軍、白軍のほか周辺諸国が介入して内戦となる
1922	ソビエト連邦創設。ウクライナの大半は「ウクライナ・ソビエト社会主義共和国」となり、西部はポーランド、ルーマニア、チェコスロバキアに配分される
1932-33	大飢饉（ホロドモール）で数百万人が死亡
1939	第二次世界大戦勃発
1941	ドイツがソ連を襲撃し独ソ戦始まる
1954	クリミア半島がロシアからウクライナへ移管される
1985	ゴルバチョフソ連共産党書記長がペレストロイカを打ち出す
1991	8月24日 ウクライナの独立宣言
1994	EUとの間にパートナーシップおよび協力協定を締結 ブダペスト覚書によりウクライナが保有する核兵器をロシアに移管
1997	ロシアとの友好協力条約、黒海艦隊分割協定
2004	オレンジ革命。親EUのユシチェンコ大統領の選出
2014	2月 マイダン革命。ヤヌコーヴィチ大統領の親露政権が打倒される 2-3月 ロシアがクリミアを「併合」 5月「ドネツク人民共和国」・「ルガンスク人民共和国」の「独立」宣言 6月 ウクライナ、EUとの連合協定に調印
2022	2月21日 東部の2つの「人民共和国」をロシアが承認 2月24日 ロシアによるウクライナ全面侵攻開始 6月23日 EUはウクライナを「加盟候補国」として正式に承認 9月30日 ロシアによるウクライナ4州の「併合」宣言

※年表については、主に以下の文献を参考にした。
黒川祐次『物語 ウクライナの歴史　ヨーロッパ最後の大国』（中公新書、2002）、アレクサンドラ・グージョン『ウクライナ現代史　独立後30年とロシア侵攻』（河出新書、2022）、『ウクライナを知るための65章』（明石書店、2018）

(ロシア)
オスキル・ダム
ハルキウ
マックスの取材をした地点
スヴャトヒルシク
イジューム
リマン
コンスタンティノフカ
クラマトルスク
バフムト
ルハンスク
ドニプロ
ドネツク
ザポリージャ
フリャイポレ
クリヴィー・リフ
アウジーイウカ
ザポリージャ原発
マリウポリ
ヘルソン
カホフカ・ダム
オリヒウ
クリミア
ロシア侵攻(2022年2月)以前からロシアが占領している地域
取材当時ロシア軍が支配していた地域

取材時（2023年10月）の戦況

出典：防衛省および外務省資料をもとに作成

はじめに～勝利と平和をめぐって

あるウクライナ戦争の写真展にて

「もし日本にどこかの国が攻めてきたら、お前たちは自分のことだけ考えて、逃げていいんだよ」

二〇二二年二月二四日にロシアがウクライナに全面侵攻しておよそ半年がたった夏、東京で開かれた写真展の会場で、私のすぐ近くにいた女性が、同伴した十代前半と思われる娘二人にこう語りかけた。

私とその母子が見ていたのは、ロシアとの戦闘で重傷を負い、病院のベッドに横たわるウクライナ兵士の写真である。キャプションには〈「あなたにとって平和とは何か」と聞くと、負傷した腕をあげて「勝利！」と答えた〉とあった。

母親が子どもに「逃げろ」と言う、そのこと自体は理解できる。緊急時には誰もがまず子どもを避難させようとする。ただ、その言葉を、傷ついた兵士の写真の前で発したのは「お前たちはこんなふうにならないように」と子どもたちに教えたのだろう。負傷兵の決然とした表情を見ながら、もやもやした違和感が私の中に広がっていった。

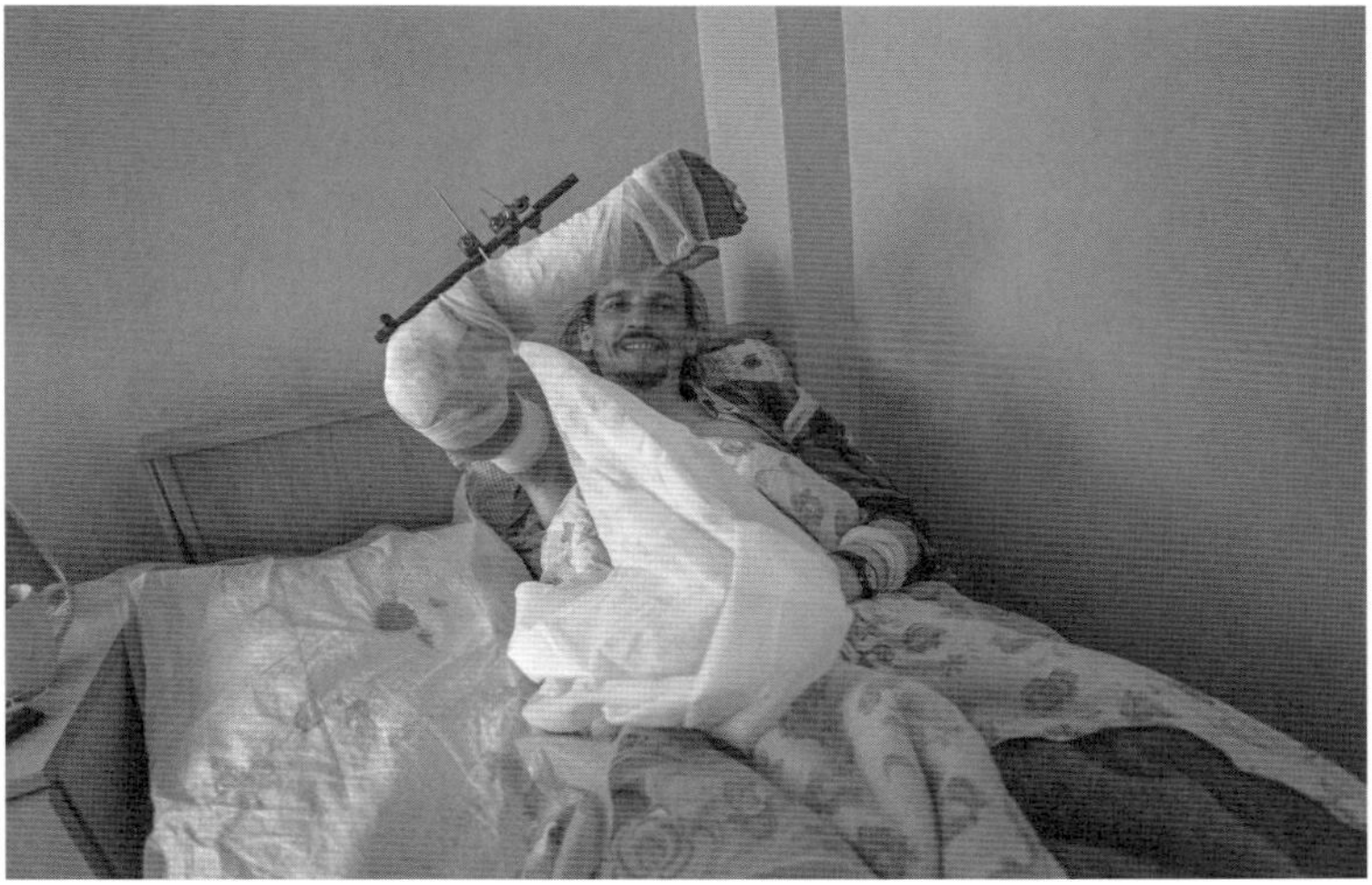
イジューム戦線で重傷を負った兵士。2022年5月上旬ウクライナ・ドニプロで
(撮影クレ・カオル)

そのとき思い出したのは、ロシアによる全面侵攻の直後に放送された、ある民放ワイドショーでのコメンテーターの発言だった。ウクライナが勝つ見込みはなく、戦いが長引けばより多くの犠牲者が出る、だからゼレンスキー大統領は早くロシアに降伏すべきだというのである。そのコメンテーターは「命より大事なものはこの世にない」と強調して話を結んだ。ウクライナは無駄な抵抗をするなという主張に、SNS上では、少なくない人が賛同していた。

「勝利」ではなく「平和」？

ついで四月一〇日、NHKニュースの翻訳テロップをめぐる〝事件〟が起きた。
戦火のウクライナから日本に避難してきた女性に、いま望むことは何かを尋ねたところ、答えのコメントについたテロップは「今は大変だけど　平和になるように祈っている」だった。ところが、実際の音声は

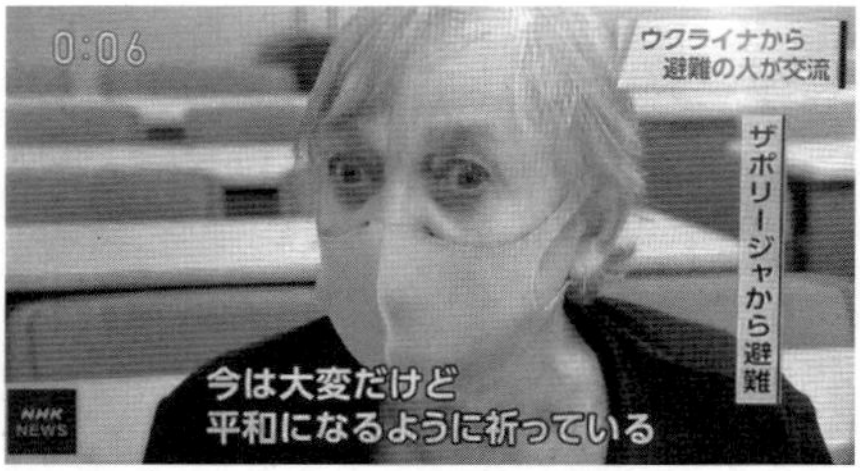

ＮＨＫ昼のニュース（4月10日放送）より

「私たちが勝つと願っています。ウクライナに栄光あれ」であることが判明したのである。

ＮＨＫは外部からの指摘を受け、放送五日後、見逃し配信サービスの「ＮＨＫプラス」で「翻訳をより的確な表現に改めました」と明記した上、「いまは大変ですが勝利を希望しています　ウクライナに栄光を」とテロップを修正した。はじめのテロップをつけたニュースの担当者は、人々が願うのは「勝利」ではなく「平和」でなければならないと考え、〝善意〟で改ざんしたのだろう。

侵略したロシアにではなくウクライナ側に「停戦せよ」と要求して〝問題〟になったのが『通販生活』二〇二三年冬号の表紙だった。銃を構えるウクライナ兵を猫がたしなめている。

プーチンの侵略に断じて屈しない　ウクライナの人びと。
がんばれ、がんばれ、がんばれ。守れ、守れ、守れ。
殺せ、殺せ、殺せ。殺されろ、殺されろ、殺されろ。
人間のケンカは「守れ」が「殺し合い」になってしまうのか。
ボクたちのケンカは　せいぜい怪我くらいで停戦するけど。
見習ってください。停戦してください。

これにウクライナ大使館が抗議し、発行元のカタログハウスが、ロシアのウクライナ侵攻を猫のケンカに例えたことについて「不適切な言葉で表現した」と謝罪する顛末となった。しかし、これは言葉の表現の問題ではない。侵略もそれへの抵抗も「ケンカ」として同列にみなし、侵略されている側に停戦せよと迫っていることが問題なのだ。

日本では、侵略であろうと侵略への抵抗であろうと、戦うことはすべて悪と考える人が少なくない。しかし、この日本的価値観で、ウクライナの戦争を正しく認識することができるのだろうか。疑問が募っていった。

ウクライナはなぜ戦い続けるのか

冒頭の写真展では、撮影者をかこんでトークの場が設けられた。最初に手を挙げて質問したのは、子どもに逃げよと言ったあの母親だった。

「きょうは一五歳と一二歳の娘を連れて見に来ました。私は、娘には『国のことなんかかまわずに、逃げていい』と言うのですが、ウクライナの人は国のために自分の命をかけて戦うんですね。なぜそんなことができるのでしょう？」

展示された写真を観てまわるうち、ウクライナの人々との価値観の大きな乖離を感じたのだろう。とて

香港出身のフォト・ジャーナリスト、クレ・カオルさん。
東京・早稲田での写真展にて（以下、断りがない写真はすべて著者撮影）

も率直な問いだった。

撮影者は、クレ・カオルさんという香港出身のフォトジャーナリストである。彼は取材するなかで、ウクライナの人々が香港人と同じ思いで戦っていることを知り、心から共感できたという。質問に対するクレ・カオルさんの答えは、本書の「おわりに」で紹介しよう。

クレ・カオルさんが撮影したあの負傷兵は、傷が癒えると再びロシア軍と戦うため前線に戻って行ったという。いま彼はどうしているのか。今も生きて戦闘を続けているのか。そして彼はどんな思いで戦っているのだろうか。

ウクライナ人も命を失うのはもちろん怖いし避けたいはずだ。「兵役逃れ」のため、不法な手段を使って国外に逃げる人がいることは社会問題にもなっている。それでも多くの国民が国に踏みとどまって軍事大国ロシアに抵抗し続けるのはなぜなのか。

私はその答えを知りたいと思い、ウクライナへと向かった。

第1章　ウクライナへの旅立ち

危険地取材を封じる日本

一昨年（二〇二二年）二月二四日、ロシアは突如ウクライナに「特別軍事作戦」と称する全面的な軍事侵攻を開始し、世界を震撼させた。

日本のマスメディアも侵攻直後から連日このニュースを報じたが、その報道には大きな問題があった。モスクワやワシントンの支局発の情報のほかは、ポーランドなど周辺国に避難してくるウクライナ市民の様子を伝えるのが主で、ウクライナ国内に取材者を入れて戦闘や被害状況を報じるマスメディアはほとんどなかった。代わりに頼ったのが、現地に住む日本人や日本語のできるウクライナ市民がインターネットで送ってくる速報だった。

日本のテレビ局や新聞社など大手のメディア企業は、自社の記者やカメラマンを「危険地」に送らない。それは日本政府がメディアに要望するところでもある。ロシアの侵攻開始から一週間後の三月三日、岸田文雄総理の記者会見で、「ラジオ・フランス」の記者が質問した。

「ウクライナ情勢と報道の自由について質問させていただきます。現在、日本政府は、ウクライナに対して危険情報レベル4を発出しています。どのような目的であれ、ウクライナへの渡航をやめてくださいという意味です。

報道の目的も含まれていると思いますが、したがって、現地の取材ができない日本のマスコミは、海外の取材陣に頼ってしまいます。報道の自由の観点からも、日本人向けの報道の独立性の観点からも望ましくない状況だと思われますが、その点について岸田総理のご意見を聞かせてください」

報道の自由・独立を正面から問うこの質問に対して、岸田総理は以下のように答えた。

「退避勧告を発出し、目的の如何を問わず、渡航の自粛をお願いしている。報道の自由も大事ですが、他の目的も含めて渡航をおやめいただきたいというお願いをしている。いまウクライナは大変な命の危険の中にあります。緊迫した状況ですので、ぜひご理解とご協力をお願いします…」

岸田総理の、「命の危険」があるから行かぬように、との答えに、会見場にいた日本の記者たちは誰一人反応することなく会見は終った。政府の渡航自粛要請を抵抗なく受け入れている彼らの姿に愕然とした。

政府は近年、メディア統制をいちだんと強め、紛争地に向かおうとするジャーナリストの旅券を取り上げるという暴挙に及んでいる。二〇一五年二月には内戦中のシリアを取材する計画を立てていた新潟在住のフリーのカメラマンに対し、外務省が「身体又は財産の保護のために渡航を中止させる必要がある」として旅券返納を命じた。
この措置に対し、読売、産経がともに返納命令を「妥当だ」として聞き分けの良さを示し、他の企業メディアも強く抗議することはなかった。さらに、世論も旅券返納命令には肯定的で、フジ・産経の調査で「適切だった」が七五・八％、日本テレビの調査でも「妥当」と「やむをえない」を合わせて八割以上にのぼった。※1
取材の機会を強権で奪うという、先進国では例を見ない政府の措置に萎縮するかのように、日本の企業メディアは紛争地・危険地域の取材から遠のいている。

日本から危険地に行く意味

近年、日本のジャーナリストが紛争地で誘拐されるなどの事故が起きるたび、「自己責任論」とともに、わざわざ日本から危険地に行く必要はない、外国の通信社から情報を得ればよいという声があがった。実際に日本のテレビは今も、ウクライナの前線の状況については、主に海外通信社の配信映像やウクライナ、ロシア両国の国防省が提供する資料映像などを使って伝えている。しかし、無国籍の情報というものはない。どの国のメディアであっても、取材現場から本国のデスクの編集にいたるまで、それぞれの国の視点、問題意識が反映される。まして戦争当事国の当局が流す映像や資料には常に強い政治的意図が込められている。

外国のメディアの報道に頼れば、情報のバイアスによって国策を誤らせる可能性さえある。自国のジャーナリストができるだけ多様な現場で取材することは、わが国の国益にとっても必要なのだ。なにより、日本のジャーナリストが現地からリポートすることで紛争や戦争が市民により身近に感じられ、関心を高めることができるはずである。

したがってジャーナリストは、危険地であっても、しかるべき注意、準備をして直接に取材する努力をすべきなのだ。例えば消防士は危険であっても火事の現場に行く。そのための消防士なのだ。普通の人が入るのが難しい現場だからこそ、ジャーナリストが取材に行く意味があるのではないか。

いざウクライナへ出発

ウクライナに行って自分の目で戦争の実態を見てみたい。私は二〇二三年一〇月一二日に日本を発った。戦時下のウクライナへは空路が使えない。隣国ポーランドの首都ワルシャワに飛び、そこから陸路、バスで入国することにした。一ドル一五一円と円安のピーク時で海外取材は経費がかさむ。航空便は最も安いエアチャイナにした。

日本を飛び立つと、ポーランドへの機内ですでに〝戦争〟を感じた。日本をふくめほとんどの国の航空会社の欧州便がロシア上空を飛行できず、大きく迂回するルートをとるなか、座席前のモニターのフライトマップは広大なシベリアを映し出している。飛行機がロシアの領空を飛んでいることに気づく。エアチャイナの飛行ルートに、ロシアと中国の特別な関係が見えた。

今回のウクライナ取材には同行者がいる。フリーランス・ジャーナリストの遠藤正雄さんだ。遠藤さんは大学在学中にまだ戦火がやまないベトナムの戦場を取材。それから半世紀、世界各地の戦争や紛争の現場に立ち、数多くの報道写真を発表してきた。私は遠藤さんとは一九九〇年代からの付き合いで、彼の取材成果をテレビ番組にプロデュースしてきた。遠藤さんはロシアの侵攻開始直後の一昨年三月上旬にウクライナに入って取材している。再度のウクライナ行きを計画していると聞き、同行を申し出たのだった。戦場取材の経験豊富な遠藤さんが行動をともにしてくれるとは頼もしいかぎりである。

私と別便でワルシャワに入る遠藤さんとの待ち合わせ場所は、ワルシャワ・ショパン空港の出発ロビーにある白いグランドピアノ。一〇月一三日正午に無事落ち合い、空港から一六時三〇分に発車する長距離バスでウクライナを目指す。深夜、国境での入国審査を経て、首都キーウに着いたのは翌一四日早朝の六時すぎだった。

チョルノービリ取材の思い出

私にとってウクライナ取材は三度目である。以前の二回はともにチョルノービリ（チェルノブイリ）原発事故に関する取材だった。とくに印象に残るのは二〇一一年の東日本大震災直後の取材である。ウクライナに入ったのは大震災から一カ月もたたない四月七日で、福島の事故原発建屋内部の状況や放射性物質の拡散の全容もまだはっきりせず、パニックが完全には収まっていない時期だった。

ウクライナの首都キーウの街頭でインタビューすると、誰もがメディアを通して「フクシマ」の成り行きをかたずをのんで見守っており、事故に関する情報を詳しく知っていることに驚かされた。日本から来たことを告げてマイクを向けると、一様に悲しそうな表情を浮かべ、「被災者のお気持ちをお察しします。日本のみなさんに心からのお見舞いをお伝えください」といたわりのこもった言葉を発した。「フクシマ」の地名を言っただけで涙を浮かべる女性もいた。自らも原発事故によって悲惨な体験をしたウクライナの人々が、遠い日本の原発事故被災者に深く同情してくれるやさしい心根に感銘を受けた。

チョルノービリ原発は首都キーウのおよそ一〇〇キロ北、ベラルーシとの国境近くに立地する。今回侵攻したロシア軍は首都を攻略すべく、激しい砲爆撃とともにベラルーシから地上軍機動部隊を南下させた。ロシア軍がチョルノービリ地区を蹂躙《じゅうりん》し、キーウに刻々と迫ってくるニュースを、私は取材でお世話になった人たちの無事を祈りながら見守っていた。

チョルノービリ原発近くには立入禁止地区が広がるが、避難を拒否して住み続ける人々がいた。2011年4月

※1　危険地報道を考えるジャーナリストの会『ジャーナリストはなぜ「戦場」へ行くのか』（集英社新書、二〇一五）の石丸次郎の論考を参照。その後、取材中に武装勢力などに拘束された経験をもつ常岡浩介、安田純平に旅券が発給されない措置が続いており、二人は国を訴えて裁判中である。

第2章　十年戦争を戦うウクライナ～首都キーウにて

キーウの街の表情

機内泊、車中泊が続いたので、キーウではホテルに一泊することにした。

キーウ中心部の雑踏

破壊されたロシア軍の軍用車両などを展示する通りも（キーウ）

ウクライナの首都キーウは、ヨーロッパ第三の大河、ドニプロ（ドニエプル）川に沿った古都で、ここに九世紀から一三世紀に栄えた大国キーウ・ルーシ（キエフ大公国）の都があった。世界遺産、聖ソフィア大聖堂をはじめ歴史的建造物の多い、緑豊かな森の都で、およそ三〇〇万人が住む。

街の中心部の大通り、フレシチャーティク通りを歩く。正午前、広い歩道には人があふれ、軽食を売るキオスクには行列ができていた。空は晴れ、秋の陽光を惜しむようにベンチでくつろぐ人の姿もある。歴史を感じさせる重厚な石造りの建物の前を、若者が電動キックボードで疾走していく。ロシア軍によるミサイルやドローンによる空襲が続き、午前零時から五時までの夜間外出禁止令が敷かれているというのに、街は平和そのものに見えた。

遠藤正雄さんによると、一昨年の全面侵攻の開始直後は街全体が緊張状態で、道路には砂嚢《さのう》が積まれて通行止め。商店はシャッターを下ろし、市民の買いだめもあって、飲み物を得るのも一苦労だったという。当時との街の変わりように感慨深げだった。

独立広場（マイダン・ネザレージノスチ）に向かう。ウクライナ語で広場を表す言葉には、マイダンとプロシャの二つがあるが、マイダンが固有名詞に使われるのは、その市町村の中心となる一つの広場だけである。キーウで「マイダン」と言えば、ここ独立広場を指す。二〇〇四年と二〇一四年の二回の革命の舞台になり、後者は「マイダン革命」と呼ばれている。

観光名所のここには青と黄の国旗の色をあしらった記念グッズを売る露店があり、スマートフォンで記念撮影を楽しむツアー客の姿があった。広い芝生は無数のウクライナ国旗で覆われ、国旗の一本一本にロシアとの戦闘で亡くなった人の名前が記されている。三人の女性が立ったまま、肩を寄せあって泣いていた。親しい人を失ったのだろうか。一見、戦時下を感じさせない日常の中に、深い悲しみが漂っているこ

独立広場を埋めるウクライナ国旗

独立広場で抗議する市民ら“Euromaidan in Kyiv on 1 December 2013 by Nwssa Gnatoush” ©Nessa Gnatoush,2013,CC BY 2.0※1

とに気づかされる。

ロシアとの戦争の起点　マイダン革命

二〇二四年二月で、ロシアによる全面侵攻を起点にする戦争はまる二年を過ぎた。しかし、ウクライナの人々は「戦争はすでに一〇年続いている」という。実は、独立広場が舞台の「マイダン革命」の直後からロシアとの戦いは始まっていたのだ。

二〇一四年二月中旬、ここ独立広場は政府に抗議する人々で埋めつくされていた。

当時ウクライナは、一九九一年の独立とソ連邦の崩壊の後の混乱を引きずり、政治は腐敗し経済は停滞していた。ヤヌコーヴィチ大統領が、親族や取り巻きに利権をむさぼらせていることへの反感が国内に充満し、人々は豊かさと民主的で健全な国家運営を求めてＥＵへの加盟に期待を寄せていた。

ところが一三年一一月二一日、ヤヌコーヴィチ大統領はすでに前年、自身の政権下で仮調印を済ませ、あと一週間後に控えていたEUとの連合協定の調印を、土壇場で見送った。ロシアがウクライナのEU傾斜を阻止すべく、天然ガスの大幅値下げや財政支援などの懐柔策やウクライナ産品の通関停止の脅しなどのアメとムチで強烈な圧力をかけ、大統領がそれに屈したのである。この調印見送りに市民が猛反発、若者たちが自然発生的に独立広場に集まって抗議を始めた。これに多くの市民が合流、三カ月にわたって広場を占拠する大抗議運動に発展していく。戸外に調理場が設けられ、宿泊用のテントや暖房器具なども持ち込まれて抗議の人々が泊まり込んだ。広場＝マイダンは、多い日は十万人がデモをする巨大な民衆運動の現場となったのである。

抗議行動はウクライナ各地に飛び火した。参加者の大多数は、大学生や年金生活者を含む一般市民で、九二％はどの政党にも、労働組合にも関連組織にも属していなかった。各地の大学は学生の要求を受けて臨時休校となり、ＳＮＳで市民同士が集会や抗議行動に関する情報交換を行い、ロシア系住民を含む広範な人々が運動に参加した。ウクライナの住民の二〇％がデモに参加したとの調査もある。この運動が民衆による真に自然発生的なものであったことは、当時のウクライナの人々の記録によって知ることができる。抗議者たちは、この機に影響力拡大を狙う野党の介入さえも拒否した。

「各都市のマイダン（抗議行動）は、政党旗を掲げた政治家たちを追い払っている」

「各都市の『マイダン』はすべて、自然発生的に誕生したもので、どの政党にも組織されていないのは誰の眼にも明らかだ。なのにいずれの野党も、マイダンの主宰者たろうとあがいている。無党派のユーロマイダン。たしかにいままでになかったことだ[※2]」

転機は一一月三〇日だった。この日未明、警察特殊部隊がマイダンで泊まり込んでいた抗議者を襲った。「学生も年配者も手あたり次第殴られた。逃げた者は追跡され、道路に倒され、とどめを刺すかのように警棒で殴られた。男女の学生の一団は袋小路に追い詰められ、包囲された。若者たちはウクライナ国歌を歌った。歌う彼らは殴られ、警察の護送車に押し込まれて、警察署に連行された[※3]」。この日は土曜日だったので「血の土曜日事件」と呼ばれる。

実はウクライナではそれまで、抗議行動が暴力的に弾圧されたことがなかった。だから平和的な抗議運動を政権が暴力的に弾圧し、多くの負傷者が出たことは国民に大きな衝撃を与えた。抗議者たちはマイダン自衛隊を組織して対抗、右翼民族主義勢力も加わって警察と衝突するようになった。ここから運動は、ＥＵをめぐる政策への抗議から、体制の腐敗やソ連時代の残滓との決別を求める政権打倒運動へと転化した。

ＥＵやアメリカは激化する対立を懸念し、ヤヌコーヴィチ大統領と野党指導者双方に接触して妥協点をさぐる努力をしたが実らず、二月一八日から二〇日にかけて、集会参加者と治安部隊が激しく衝突し、約百人の犠牲者が出る大惨事となった。二月二二日、ヤヌコーヴィチ大統領はロシアに逃亡。これを受け最高会議は大統領弾劾を与野党議員全員の賛成で可決し政権は崩壊、大統領代行を選び、ＥＵ加盟を目指す新たな暫定政権が発足した。抗議活動がこの広場で始まったことから、後に「マイダン革命」、「ユーロマイダン」または「尊厳（自尊心）の革命」と呼ばれるようになった。

日本を含むウクライナ国外では、この出来事を「極右勢力による武力クーデター」だとする見方があるが、実態とかけ離れた表現だ。政権転覆に武力は使われておらず、大統領が逃亡した後も、立法府である最高会議が正常に機能し続け、与野党議員の参加する投票による信任を得て合法的に新内閣が承認されている。極右政治団体「右派セクター」が警察との暴力的対決の前面に出たことは確かだが、抗議者の大半は広場の占拠を続けるだけで、平和的に行動していた。マイダン革命を「アメリカが仕掛けた革命」だとする陰謀論的な議論[※4]もあるが、この運動の経緯を追えば、ためにする事実の曲解であることは明らかだ。

ウクライナの歴史学者オリガ・ホメンコ氏は、マイダン革命は政治を変えただけではなく、国民の意識にも大きな変化をもたらしたという。

「国民の自尊心が傷つけられたときに、国のアイデンティティに気づくことが多い」

「昨年（2013年）の11月から今年の2月までのことは、ウクライナでは『自尊心の革命』と名づけられた。そう、自尊心が傷つけられた中で、生まれ変わった国民（ネーション）一人一人の挑戦。自尊心というものを見直すときとも言える時期だった[※5]」

クリミア併合から「ドンバス戦争」へ

プーチン大統領は「ウクライナの国家転覆を謀ったのはネオナチやユダヤ人排斥者たちだ」としてマイ

ダン革命を全面否定し、革命後にできた親欧米のウクライナ政府を「敵」と位置づけた。
ヤヌコーヴィチ大統領がロシアに亡命した直後、ウクライナ南部のクリミア半島で異変が起きる。二月二七日早朝、正体不明の重武装の男たちがクリミアの議会と政府の建物を占拠しロシア国旗を掲げた。密かに送り込まれたロシア軍特殊部隊だった。兵士たちはすばやくウクライナ軍基地をも制圧し、ほぼ流血なしにクリミア半島を奪取することに成功した。[※6]
三月一日、ロシア上院は、ロシア軍がウクライナおよびクリミアで軍事力を行使することを全会一致で可決した。ウクライナに展開する兵力に関しては、プーチン大統領が決定するとされた。早くもウクライナへの軍事介入をプーチンに公然と許可したのである。
三月一六日、クリミアでロシアへの編入を問う「住民投票」なるものが実施され、一八日ロシアは賛成多数として一方的にクリミア半島の「併合」を宣言、自国の領土に組み入れた。電光石火の早業だった。しかし国連総会はこの住民投票を無効とする決議を賛成一〇〇カ国、反対一一カ国（棄権五八カ国）で採択している。

クリミアを「併合」すると、ロシアはさらにウクライナ東部にも手をのばす。
ロシアと国境を接するドネツク州とルハンスク（ルガンスク）州をドンバス地方と呼ぶ。ここではマイダン革命後、革命でできた新体制に反対するデモや、一部の親ロシア派がマイダン派を襲う事件が起きていた。四月一二日、ロシアの情報機関出身のイーゴリ・ギルキン[※7]はロシアやクリミアからの武装部隊や地元の親ロシア派からなる武装グループを率いて、ドネツク州スロウヤニシク市の行政庁舎や警察署を占拠する。ギルキンらは武力による町や村の占拠を続け、一方的に「ドネツク人民共和国」と「ルガンスク（ルハンスク）人民共和国」の独立を宣言。ギルキンは「ドネツク人民共和国」の国防相に就任した。ウクライナ政府はこの独立を認めず、鎮圧のため軍を進め戦闘が起きた。ここから「ドンバス戦争」が始まり、夏にはロシアが大部隊の軍を投入してウクライナ軍と激しい戦闘になる。一四年九月と一五年二月に、国際的な監視のもと停戦合意が調印されたが、この合意は守られず、戦闘が続いてきた。

ドンバス戦争での死者は二一年六月までで一万三〇〇〇人以上、うち三三〇〇人が民間人である。負傷者は三万人以上に達する。この戦争によって、一五〇万人以上のウクライナ人が避難を余儀なくされ、うち約三二万人が国外へ逃れた。

こうしてウクライナは、一四年春からこれまで、十年以上にわたってロシアと事実上の戦争状態が続いてきたのである。

ロシアによる特別軍事作戦の正当化――自衛権

プーチン大統領が「特別軍事作戦」と呼ぶ今回のウクライナ侵略を、ロシアは国際社会に向けてどのように正当化しようとしているのか。

ロシアは、全面侵攻を開始した二〇二二年二月二四日付けの書簡[※8]を国連安保理に送った。書簡は「自衛権の行使にあたり、国連憲章第五一条に従って執った措置を報告」するとして自衛権を前面に出して正当化している。国連憲章は武力の行使を認めていないが、その例外が自衛権である。第五一条は国連加盟国が「武力攻撃（an armed attack）」を受けた際の「個別的または集団的自衛権」を国家の「固有の権利」として認めている。武力攻撃を受けた場合には、自衛のための武力を行使することができるのである。

書簡にはプーチン大統領の声明が添付されており、そこに示された侵攻の理由は、大きく三つある。

一つ目は個別的自衛権で、「我々の行動は、我々に向けられた脅威（threats）に対する自衛」だとし、その脅威は「NATO（北大西洋条約機構）ブロックの東方への拡大」であるという。ウクライナがNATO加盟の方向に動いており、隣国のロシアにとって脅威になることへの自衛だというのである。

しかし、第五一条が根拠とする自衛権は、直接「武力攻撃」を受けることを要件としている。NATOの東方拡大が「武力による威嚇」になるかどうかは議論があるが、もしそう言えるとしても直接の「武力攻撃」ではない。したがって、個別的自衛権の発動としての武力の行使は認められないことは明白だ。将来危険になりそうな国を今のうちに武力攻撃する「先制攻撃」は国連憲章では認められていない。

なお、当時ウクライナが直近でNATOに加盟する見込みはなかった。一方、昨年四月にフィンランドがNATOに加盟し、次いでスウェーデンが今年三月七日、正式に三二カ国目のNATO加盟国になったが、ロシアは軍管区の再編以外に大きなリアクションをとっていない。「NATOブロックの東方への拡大」というウクライナ攻撃の理由自体が、非現実的な口実に過ぎなかったのである。

侵攻理由の二つ目は集団的自衛権である。声明は「ドネツク人民共和国とルガンスク人民共和国それぞれと締結し、本年二月二二日にロシア連邦議会が批准した友好・相互援助条約にもとづき」、「特別軍事作戦を行うことを決定した」と述べている。この条約は集団的自衛権にもとづく同盟条約であり、ロシアは、武力攻撃を受けている二つの「人民共和国他国」からの要請によって集団的自衛権を行使したというのである。

まずは、ロシアの介入のもとに一方的に独立を宣言した二つの「人民共和国」は独立した「国家」なのか、である。結論的には、現在の国際法では国家としては認められない。国家でなければ、集団的自衛権の行使は成り立たない。

また、ロシアがこの二国を承認したのが侵攻三日前の二〇二二年二月二一日。同日、相互援助条約を締結しロシアは「平和維持」のために軍の派遣を決定している。しかし二国から正式にロシアへの援助要請がなされるのはその翌日だった。[※9]ロシアは、二国からの援助要請以前に軍隊の派遣を決定しており、要請にもとづく軍事行動とはいえない。「条約」締結などの一連のバタバタとした「手続き」は集団的自衛権の体裁をつくる工作なのだろうが、成功していない。

アフリカの声「武力による国境変更は認めない」

ロシアがウクライナのドネツク、ルハンスク州の一部を「人民共和国」なる独立国として承認した二月二一日、ケニアのマーティン・キマニ国連大使がすぐさま国連安保理でこれを批判した。[※10]

アフリカの国境線の多くは、植民地国が民族の分布などおかまいなしに引いたもので、それがいまだに政情不安の原因になっている。キマニ大使は、我々こそ国境を変更したいのはやまやまなのだが、それは戦争を招く、だから現状の国境線を守るのだ、「武力による一方的な国境変更は認めない」という国連のルールに従うのだと訴えている。

ロシアの行為を非難するとともに、植民地主義を主導した欧州への批判も込められ、いまの世界秩序なるものを形成してきた力の論理に反省を迫っている。

「この状況は、私たちの歴史と重なります。ケニア、そしてほとんどのアフリカの国々は、帝国の終焉によって誕生しました。私たちの国境は、私たち自身で引いたものではありません。ロンドン、パリ、リスボンといった遠い植民地の本国で引かれたものです。いにしえの国々の事など何も考慮せず、彼らは引き裂いたのです。

現在、アフリカのすべての国の国境線をまたいで、歴史的、文化的、言語的に深い絆を共有する同胞たちがいます。独立する際に、もし私たちが民族、人種、宗教の同質性にもとづいて建国することを選択していたのであれば、この先何十年後も血生臭い戦争を繰り広げていたことでしょう。

しかし、私たちはその道を選びませんでした。私たちは既に受け継いでしまった国境を受け入れたのです。それでもなお、アフリカ大陸での政治的、経済的、法的な統合を目指すことにしたのです。（略）

ケニアは、ドネツクとルガンスクの独立国家としての承認に重大な懸念と反対を表明します。さらに我々は、この安保理のメンバーを含む強大な国家が、国際法を軽視するここ数十年の傾向を強く非難します[※10]」

今回のウクライナをめぐる戦争の本質は「民主主義VS専制主義」ではない。どの国がどんな政治体制をとるかにかかわらず、武力侵略は認めない、武力による一方的な国境変更は認めないという国際法のルールを侵害してはならないとキマニ大使は訴えている。

「ジェノサイド」への人道的介入という正当化

ウクライナへの軍事侵攻の正当化理由としてロシアが三番目に挙げるのは、人道的干渉である。プーチン大統領の声明には「そこ（ウクライナ）で起きていることを憐れみなしには見られず、見過すことなどできない。そこに住む何百万という人々に対するジェノサイド（集団殺害）という悪夢を止めなければならなかった」とある。ジェノサイドを防止するための人道目的の武力行使だというのである。

武力による人道的介入を許容するかどうかについては議論があるが、二〇〇五年の世界サミット最終文書[※11]では、個別国家による武力介入は否定され、平和的解決が成功しなかったときは安保理の許可を得て初めて国際社会の介入が許されることになった。これによれば、ロシア一国の判断でウクライナに武力を持って介入することは許されない。

そもそもロシアのいう「ジェノサイド」なるものはあったのか。

二〇一四年以降のドンバス戦争では、ウクライナの極右勢力がウクライナ政府軍を助ける形で戦闘に参入し、民間人や捕虜に対する残虐行為が引き起こされたのは事実である。しかし、残虐行為はむしろ親ロシア派分離主義武装勢力側の方が多いとの報告もある。また、紛争による死者は二〇一四〜一五年に集中して発生しており、軍事侵攻の前年の二〇二一年には、ドンバスの紛争地域における民間人の死者数は二五人、負傷者は八五人[※12]と過去最低まで減っていた。しかもこのうち一三人は地雷に関連する死だった。ジェノサイドが発生したという客観的な証拠も報告も見当たらない。

なお、ドンバスに二つの「人民共和国」を建てて約五年がたった二〇一九年四月以降、ロシアは、ウクライナ東部の紛争地域で住民がロシア国籍を取得する際の手続きを簡素化し、「国籍のばらまき」を行っている。これは、紛争地における「パスポーティゼーション」と呼ばれる行為で、紛争解決を困難にするものとみなされている。結果的にこれはロシア国籍者を増やし、ロシアが「自国民」保護を名目にウクライナへの武力行使を進めるための準備になっていた。

結論として、ロシアの「特別軍事作戦」と称するウクライナへの侵略行為に、国際法上、正当化される根拠は見いだせない。国連総会が、緊急特別会合で「ロシアによりウクライナに対して、国連憲章第二条四項に違反する侵略行為が行われたことを最も強い言葉で非難」（賛成一四一、反対五、棄権三五）した[※13]のは当然だった。

国連の定義では、「侵略」とは「一国の軍隊による他国の領域に対する侵入もしくは攻撃」であり、「一国による他国の主権、領土保全もしくは政治的独立に対する武力行使、または国連憲章と両立しない武力行使」である。単なる「武力行使」や「武力攻撃」よりも重大なものと見られており、ロシアの行為はまさに国際法上の「侵略」にあたる。

国連総会はロシアの侵略行為を非難するとともに、即時に武力の行使を止めることと軍隊を国際的に認められたウクライナの国境の外に即時撤収するよう要求している。ちなみに「国際的に認められたウクライナの国境」とは二〇一四年にロシアが「併合」したクリミア半島をも含むと解釈できる。クリミアの「独立」およびロシアへの「併合」は国際法上、認められていないからである。※14

弱体化していたウクライナ国軍

二〇二二年二月二四日、ロシア軍がウクライナに武力侵略を始めたとき、プーチン大統領はじめ各国の指導者や多くの軍事評論家が、数日で「片が付く」と予想していた。ロシアが、保有する核弾頭数では世界一という軍事大国である一方、ウクライナにはきわめて弱体化した戦力しかなかったからだ。

ウクライナは一九九一年の独立時、旧ソ連の短距離戦術兵器や空中発射巡航ミサイルを含む約一八〇〇の核兵器を保有し、世界第三位の核兵器備蓄国だった。核拡散を恐れるアメリカの説得に応じ、ウクライナは核兵器を廃棄するためロシアに引き渡すこととし、その見返りとして、九四年一二月、米英露三国から安全保障（ブダペスト覚書）を取り付けた。覚書で三国は「ウクライナの領土保全ないし政治的独立に対して脅威を及ぼす、あるいは武力を行使することの自重義務を再確認」し、ウクライナに「経済的圧力をかけることを慎み」、ウクライナへの「侵略行為」があった場合には、「同国に支援を提供するため、即座に国連安全保障理事会に行動を求める」ことを約束した。この結果、ウクライナは九六年までにすべての核兵器をロシアに引き渡した。

覚書に記された安全保障の約束を信じてウクライナは戦力を縮小した。さらに、独立後の財政危機により、外貨獲得のため兵器を外国に売却するなどして戦力はいっそう弱体化した。ウクライナの海軍司令部はクリミア半島のセヴァストポリにあったが、一四年のロシアによるクリミア「併合」の際に多数の艦艇や航空機をロシア軍に鹵獲《ろかく》され、またドンバス戦争でロシア軍により装甲戦闘車両や火砲多数を破壊された。軍事的危機に直面したウクライナはこの年、前年の一三年にいったん廃止した徴兵制を急遽復活させ、軍の近代化を加速する方針を掲げたが、国防費の制約で実際の装備近代化ペースは決して速くなかった。[※15]

いまウクライナの市民からは、「核兵器を手放したのが間違いだった」という声も聞かれる。たしかにウクライナがいまも核保有国であったとしたら、ロシアがウクライナに全面侵攻の挙に出ることは難しかっただろう。『ウォール・ストリート・ジャーナル』は社説で「ブダペスト覚書は、独裁者たちが力は正義だと考える世界において、文書化された約束を信頼することの愚かさを改めて示すものだ。さらに有害なのは、核兵器を放棄する際は自国の危険を覚悟する必要があるというメッセージだ。それは北朝鮮が学んだ教訓であり、イランが核兵器開発の凍結を約束したにもかかわらず開発を画策しているのも同様の戦略だ」と述べ、ロシアのウクライナ侵略が世界の核拡散を助長することを憂慮している。[※16]

ウクライナの反攻

ロシアは地上軍をウクライナ東部のロシア国境、北部のベラルーシ国境、南部のクリミアから進軍させ、一時はウクライナ領の三割近くを支配下に置いた。ロシア軍は政権を転覆させるべく、首都を目指して進軍し、キーウ郊外のブチャ、イルピンにまで到達した。ロシア軍が大統領府にもっとも近づいたのは直線距離でわずか二〇キロメートルの地点だった。日本の政治の中枢、首相官邸から二〇キロ先はJR中央線武蔵小金井駅である。日本に置き換えれば、東京の小金井市まで侵略軍が迫っていたことになる。状況は極度に切迫していた。

あわや首都陥落かと思われたが、ウクライナは頑強に抵抗し続けた。ウクライナの兵士や市民の士気の高さに世界が驚くなか、ウクライナはロシア軍の攻撃を持ちこたえ、首都に迫ったロシア軍部隊を国境の外へと押し返した。これを見て欧米はウクライナ支援を本格化し始める。夏から秋にかけてはウクライナ軍が反撃に出て、各地でロシア軍を撃破、広大な面積の国土を奪還した。

翌年二三年六月、ウクライナ軍は戦略的な反転攻勢を開始した。しかし、すでに強固な防衛態勢を敷いていたロシア軍の前に、ウクライナ軍は前進を阻まれているとの報道が流れていた。欧米からの軍事支援を待つうちに反攻のタイミングを逃したとされている。

私がウクライナを訪れたのは、反転攻勢が始まって四カ月がたった一〇月。地上戦が難しくなる冬を前に、ウクライナ軍がロシア軍と対峙する前線はどうなっているのか。私たちは、激戦が続く東部戦線と南部戦線へと向かった。

※1　https://commons.wikimedia.org/w/index.php?curid=29973240
※2　ウクライナの国民的作家、アンドレイ・クルコフの『ウクライナ日記』（ホーム社、二〇一五）三八頁より。
※3　前掲書四三頁。
※4　水島朝穂「武器供与ではなく、即時停戦求める声を！」『週刊金曜日』二〇二二年八月五日号（金曜日）では、マイダン革命が「米国の『レジームチェンジ』」とみなされている。
※5　オリガ・ホメンコ「激動のウクライナ〜女性たちのもうひとつの革命」『婦人之友』二〇一四年一〇月号（婦人之友社）。
※6　同年四月、ロシアでは、クリミア占領に参加した匿名の「ロシア軍の英雄たち」に「クリミア返還」記念メダルが授与されたが、そこに刻印された併合作戦の期間は「二〇一四年二月二〇日―三月一八日」。作戦を始めたのはまだマイダン革命の最中だったとわかる。ヤヌコーヴィチ大統領が国会で弾劾されたのは二月二二日だった。
※7　二〇一四年七月一七日にロシア国境近くの東ウクライナで墜落したマレーシア航空一七便撃墜事件に関して、一九年一一月、オランダの裁判所はギルキンに殺人罪で終身刑を言い渡している。
※8　UN DOC.,S/2022/154
※9　UN DOC.,A/76/740-S/2022/179
※10　邦訳は「ウクライナ危機でアフリカが見せた〝怒り〟のスピーチ　世界中で大きな反響」（テレ朝newsウェブサイト、二〇二二三月三日付）（https://news.tv-asahi.co.jp/news_international/articles/000246701.html）による。また、以下の動画の二分二五秒以下を参照。"KENYA'S AMBASSADOR TO UN MARTIN KIMANI'S SPEECH ON UKRAINE-RUSSIA CRISIS WOWS THE WORLD!!"KenyaDigitalNews, February 22, 2022.（https://www.youtube.com/

watch?v=ZxZlaiuicYM)

※11　UN DOC.,A/RES/60/1

※12　"Conflict-related civilian casualties in Ukraine" United Nations Ukraine, January 30, 2022. 国連人権高等弁務官事務所の報告書。(https://ukraine.un.org/en/168060-conflict-related-civilian-casualties-ukraine)

※13　UN DOC.,A/RES/ES-11/1

※14　二〇一四年三月二七日の国連総会決議「ウクライナの領土保全」(六八／二六二)。現行の国際法では、植民地の独立など限られたケース以外、現状の国境を変更することは認められない。

※15　小泉悠「ウクライナの軍事力」『ウクライナを知るための65章』(明石書店、二〇一八)。

※16　「ウォール・ストリート・ジャーナル【社説】ブダペスト覚書に裏切られたウクライナ」毎日新聞、二〇二二年三月一六日付。(https://mainichi.jp/articles/20220316/org/00m/020/006000d)

第3章　榴弾砲部隊　前線からのリポート①

東部ドネツク出身の通訳、ユーリー

地平線まで続く肥沃な黒土の耕地

私たちは東部戦線の状況を取材するため、ウクライナ東部ドネツク州に入った。私と遠藤正雄さん、通訳と案内役の軍人の四人で前線へと向かう。

車窓から見えるのは、どこまでも続く真っ平らの耕作地だ。黒々とした土壌は、世界でもっとも肥沃といわれる黒土（チェルノーゼム）。その肥沃さは、ウクライナに侵攻してきたドイツが貨車を仕立てて黒土を自国まで運ぼうとしたという逸話が残るほどだ。収穫を待つトウモロコシの黄色と発芽した冬小麦の緑のコントラストが地平線まで広がっている。

平原しか見えない単調な景色に飽きたころ、前方に丘が現れた。珍しいなと思い眺めていると、「ボタ山ですよ」と運転していた通訳が言う。私たちの雇った通訳、ユーリーはここドネツク州出身の二五歳の若者だ。ウクライナ東部には炭鉱が多く、彼は子どものころ、よくボタ山に登って遊んだという。

この地方はドンバスと呼ばれる。「ドネツ炭田（ドネツィキー・バセイン）」の略で、ドネツク州とルハンスク州を指す。一七二一年にドン川の最大の支流、ドネツ川で石炭が発見されて以来、ロシア帝国からソ連邦時代を通して石炭、冶金、鉄鋼などの関連産業が発達し工業地帯になった。

私たちの通訳ユーリーは、州都ドネツク市で生まれ育った。同市を含む州の一部が「ドネツク人民共和国」として一方的に独立を宣言した二〇一四年、彼の一家は親ロシア派分離主義勢力の支配下で暮らすことを拒否して故郷を離れた。避難先のキーウで英語通訳をしているユーリーを、遠藤さんの知り合いが紹介してくれたのだった。ユーリーは友人から「二五年もの」の古いホンダの乗用車を借りて、私たちの取材車両を用意してくれていた。

ドネツク州はロシア系住民やロシア語を母語にする人たちが多く、ユーリー自身も母語はロシア語である。ただ、ウクライナではロシア語もウクライナ語も話せるバイリンガルが多く、言語によって二つのコミュニティに分かれているわけではない。

ウクライナ在住のジャーナリスト、平野高志によれば、ウクライナ人はそれぞれの場面や必要に応じて言語の使い分けを行っているという。

「例えば、家族・友人と話す時、職場で話す時、周りにロシア語話者あるいはウクライナ語話者が多い場面、お店で注文をする時、数字を数える時、本を読む時、テレビを見る時といった具合に、多くの人がその場面に応じてウクライナ語とロシア語を使い分けているのである」[※1]

ユーリーたち若い世代のロシア語話者はウクライナ人としてのアイデンティティが強く、率先してロシアに対して抵抗する愛国者が多いという。これはちょっと意外だった。

スマホを「機内モード」にして電子戦の中へ

前線が近づくと、対向車線には次第に軍用車両や救急車が多くなり、私たちも緊張してくる。ゆるやかな高台にさしかかったとき、ユーリーが車を止めた。「ドネツク市が見える」と言う。私たちは車を降りて、彼が指さす方向を見た。カメラのレンズを望遠いっぱいにすると、地平線の一角にかすかにビル群らしい輪郭が浮かび上がった。彼にとっては一〇年近く帰っていない故郷。黙ってじっと見つめている。

いま私たちがいる場所は、ロシア軍の陣地から一〇キロメートルあまり。すでに敵の砲の射程内に入っているという。私たちはヘルメットと防弾チョッキをつけた。ユーリーがレンタルで用意してくれたもので、防弾チョッキの胸元にはＰＲＥＳＳ（報道）のシールが張り付けてある。ヘルメットと合わせて六〜七キロあるだろう。身に着けるとずしりと重い。ウクライナ国防省が私たちジャーナリストに発行する記者証には、「ウクライナ国軍は戦闘地域でのあなたの生命・健康に責任を持ちません」と明記してあり、身を守るのは自己責任である。

四人全員がヘルメットと防弾チョッキをつけ終わると、ユーリーと軍の案内役が道端で頭を垂れた。きょう全員が無事であるようにと神に祈ったという。車に乗り込む際、軍の案内役から「スマートフォンの電源を切るか、機内モードにするように」と指示された。ウクライナ、ロシアともに、相手側の電波の傍受につとめている。ここはすでに電子戦の戦場。敵の射程圏内でスマホから電波を発することは、自らを危険にさらすことになる。

昨年一月一日未明、ドネツク市郊外のロシア軍臨時兵舎をウクライナがミサイルで攻撃し、ロシア兵多数——ウクライナ側発表で約四〇〇名、ロシア国防省発表で「八九名以上」——が死亡した。これは兵士が禁を破って携帯電話を使用したためだとロシア国防省は発表している。

前線へと向かう装甲車

前線近くのここでは、取材者である私たちも否応なく戦闘の〝当事者〟になっている。その現実に恐怖感がこみ上げてきた。「シートベルトをはずしましょう」と遠藤さん。緊急事態が起きた時、すぐ車から脱出できるためだ。いよいよ前線である。

榴弾砲でロシア軍を攻撃

疎林の中に車が停まった。着いたのはある砲兵部隊の分隊の作戦区。ロシア側から飛んでくる砲弾が着弾して破裂する音とウクライナ軍が砲撃する音がひっきりなしに響く。数えると砲撃音より着弾音の方がずっと多い。ということは、ロシア軍の砲撃が量においてウクライナ軍を圧倒していることになる。

ウクライナ軍は昨年六月、反転攻勢を開始。目標はアゾフ海まで進軍してロシア軍を分断することだった。しかし時すでに遅く、ロシア軍は大量の地雷を設置し、強固な防衛態勢をかためて待ち構えていた。ウクライナ軍は八月末、ロシア軍の三重の防衛線のうち第一防衛線を一部で突破したと報じられたが、その後は大きな前進が見られない。

榴弾砲部隊の兵士たちと。前列右端が遠藤正雄さん、左から2番目が著者

バンカー（掩蔽壕）に入った122ミリ自走榴弾砲

案内役の軍人のあとについて林の中を進むと、木陰からニョキっと突き出した砲身が見えた。2S1グヴォズジーカ122mm自走榴《りゅう》弾《だん》砲《ほう》。射程は約一五キロ。ソ連時代の一九七〇年代に実戦配備された火砲で、ウクライナ砲兵部隊の主力兵器の一つである。遠藤正雄さんは、砲身を観察して「熱で色が変っている。煤《すす》もたまってだいぶ使い込んでいますね」と言う。キャタピラをもつ機動性の高い火砲なのだが、ここでは地面に掘ったバンカー（掩《えん》蔽《ぺい》

壕《ごう》）に収められ一見トーチカのようだ。ロシア軍の〝空からの眼〟を警戒し、木の枝でカムフラージュしている。

狙う目標は五三〇〇メートル先のロシア軍陣地だという。砲弾は精密誘導弾ではなく旧来の通常弾。砲弾発射を待ってカメラを構えていると、轟音とともに砲の周囲は真っ白い煙に包まれ、一瞬あたりが見えなくなった。直後、「走れ！」と兵士が叫ぶ。この砲撃地点を狙ってロシア軍が反撃してくるからだ。私も全力で走って数十メートル離れた地下壕に飛び込む。身につけたヘルメットと防弾チョッキが重く、息が切れた。

地下壕のインターネット

地下壕の中でしばらく様子をうかがうが、近くには着弾しない。兵士たちは煙草を吸ったり、おしゃべりをしたり、くつろいだ雰囲気になった。地下壕は寝泊まりするだけでなく、常に砲撃にさらされる彼らが日中の多くの時間をすごす空間でもあり、ベッドや炊事用のストーブなどが備えてある。兵士の一人が食糧の備蓄場所から白い塊を出して私たち

地下壕の中でフィズルーク軍曹（右）を取材する遠藤正雄さん（左）

地下壕の中。およそ10名の兵士が寝泊まりできるスペースとベッドがある

に勧めてくれた。ウクライナ伝統食の豚の脂身の塩漬け、「サーロ」である。長持ちする便利な携帯食品として昔から重宝されてきた。一口味見して「おいしい」と言うと兵士はうれしそうに微笑んだ。兵士たちがリラックスして笑い合う様子からは、ここが戦場であることを忘れそうになるが、聞けばみな戦友の何人かを失っていた。

地下壕の真ん中に白いモデムが置いてあった。ここはスターリンクの無線ＬＡＮが使えるという。スターリンクは、イーロン・マスク氏のスペースＸ社が運用する衛星インターネットサービスだ。軍内の連絡はもっぱらこれに頼るといい、分隊長のフィズルーク軍曹がスマートフォンで部隊の司令部とさかんに交信していた。

ロシア軍がウクライナに全面侵攻してきた二日後の二月二六日、ミハイロ・フェドロフ第一副首相兼デジタル改革相が、マスク氏にスターリンクのサービス提供を要請し、すぐに使用が始まった。これが戦況を大きく改善したといわれている。

ロシアは侵攻直後からウクライナ全土で通信インフラを攻撃。携帯通信、インターネットが一時つながらなくなった。とくに戦闘地域では部隊間の連絡、調整ができず、危うい状況に追い込まれた。それを救ったのがスターリンクで、軍事用としても死活的なライフラインとなっている。いまは地下壕の中にまでワイファイが設置され、戦闘続きの兵士たちも遠く離れた家族と話ができることを喜んでいた。スターリンクは兵士の士気を維持する上でも大きな役割を果たしている。

ゼレンスキー大統領の「スマホの中の国家」戦略

実はウクライナは経済難が続く一方でＩＴ先進国である。ゼレンスキーは大統領に就任するにあたって、「スマホの中の国家」という戦略を打ち出した。ながく国民的な懸案とされてきた汚職防止とＩＴ立国を目指すもので、高齢者を含むほぼすべての国民にスマートフォンを持たせ、多くの行政事務をインターネットで処理する仕組みを作っていった。今ではスマホのアプリで、出生・死亡および結婚・離婚届け、年金や税金など多くの行政手続きを行い、旅券やワクチン接種などの証明書類を提示でき、公の文書に電子署名できる。わざわざ役所に足を運ばずにほとんどの用事が済んでしまうシステムを構築したことは、はからずも戦時において社会生活を維持する上でも非常に役立つことになった。

この戦略の重要な目的は情報戦における活用にある。二〇一四年のロシアによるクリミア「併合」とドンバス戦争の際、最初にロシア側に現地のテレビ局と電波を握られ、クリミアと東部の二つの「人民共和国」ではロシアのテレビ放送しか流れなくなった。その結果、ロシアが発する偽情報やプロパガンダに人々が影響されることを許してしまった。「スマホの中の国家」戦略は、この苦い教訓から、スマートフォンで正確な情報をすべての市民に提供することを目指している。

ゼレンスキー大統領は、多くのＩＴ関係の人材を政府の中枢に登用している。スターリンク回線の使用を要請したミハイロ・フェドロフ第一副首相兼デジタル改革相は、元ＩＴ会社の社長で、ウクライナのＩ

T化を推進する先頭に立っている。IT立国を目指す取り組みは今、戦争の遂行と同時並行で進められている。

深刻な武器弾薬の不足

ウクライナ軍の反転攻勢が事実上頓挫する一方で、私たちが取材していた一〇月に入ると、逆にロシア軍が東部戦線で攻勢を強め、ウクライナの防衛拠点の一つ、工業都市のアウジーイウカに激しく迫っていた。私が訪れた榴弾砲部隊の作戦区はアウジーイウカから十数キロの距離にあり、ロシア軍の攻勢に対する重要な防衛線を担う。分隊長のフィズルーク軍曹は、ロシア軍の攻撃が「非常に激しい」こと、兵員や兵器の数も弾薬の量もロシア軍がはるかに勝っていることを認めていた。

「ロシア軍が制空権をもち、武器・弾薬ともわが軍よりずっと豊富だ。今は何とか守り切っているが、もし新型の兵器とより多くの砲弾、そして航空戦力があれば、戦況は違っていただろう」

（フィズルーク軍曹）

EUの推計によると、私たちが取材していた時期、ロシア軍は一日あたり二万発以上の砲弾を撃っていた。これに対してウクライナ軍の砲弾発射数は反転攻勢のピーク時の昨年夏で一日あたり八〇〇〇発。私たちの取材した時期には徐々に減少し、アメリカ下院でウクライナ支援の法案が可決できずに軍事支援が滞った昨年末から今年初めにかけては一日当たり約二〇〇〇発まで減っていたという。ロシアとは砲弾発射数でざっと一〇対一、厳しい状況がつづいていた。

砲撃戦の長期化は砲身を摩耗《まもう》させる。榴弾砲の場合、通常は二五〇〇発が砲身の寿命とされているが、ウクライナの前線では五〇〇〇発以上撃った砲が多いという。使い過ぎて摩耗した火砲では精度が落ち射程が短くなる。劣化した武器を交換し十分な弾薬の供給を欠かさないという戦闘の基本が守られていないのだ。

「質と量の戦いだよ」とある兵士がつぶやく。弾薬を節約しながら慎重に狙いを定めて撃つウクライナ軍に対して、ロシア軍はめったやたらに撃ってくるというのだ。また、ロシア軍は兵士にいくら死傷者が出ようがかまわずに人海戦術で押し寄せるという。兵士の犠牲を無視するロシア軍の攻勢によってウクライナ軍は押され気味になっていた。

「肉ひき器作戦」で攻勢をかけるロシア軍

犠牲をいとわず多数の兵士を送り込むロシア軍の攻撃法は「肉ひき器作戦（meat grinder strategy）」と呼ばれる。一〇月一〇日以降、ロシア軍はアウジーイウカで「肉ひき器作戦」による猛攻をかけていた。私たちが取材中の一〇月二一日、ウクライナ軍参謀本部は、一九日から二〇日かけての二四時間で、アウジーイウカにおいてロシア兵一三八〇人が死亡したと発表した。ロシアの侵攻以来、一日の犠牲者数としては最多規模だ。また、ロシア軍の戦車五五両を含む一七五両の装甲車を破壊したという。

「肉ひき器作戦」は侵攻二年目から本格的に採用され、ロシア軍の戦死者を急増させている。この作戦の要は刑務所の受刑者の部隊だ。前線での六カ月の従軍と引き換えに自由の身になれるとの契約で、ロシアは大量の受刑者を戦地へと送っている。英国の公共放送ＢＢＣが受刑者一〇〇〇人以上について、軍務についてから死亡するまでの期間を調べると、半数以上が前線に着いて一二週間以内に死亡していた。ロシア軍にとって彼らは文字通り捨て駒なのである。※2

なお、囚人兵は第二次世界大戦中にすでに前例があり、ソ連は囚人を集めた懲罰《ちょうばつ》大隊を編成し、前線の最も危険なところに投入した。

「肉ひき器作戦」では、まず受刑者部隊がしゃにむに前進し、ウクライナ軍の陣地を攻撃する。するとウクライナ兵は姿を現わして交戦せざるをえない。そこで、後ろに控えた職業軍人などの「真の部隊」が弱体化したウクライナ軍の陣地を攻撃する。ロシア軍はこの作戦を続け、ついに今年二月一六日、アウジーイウカを攻略した。無理な攻撃を繰り返すことで、膨大な人的、物理的な損失をこうむるため、軍事的には割に合わない作戦なのだが、ウクライナ軍の陣地を落とすという成果をあげている。ロシア軍は、今後もこの作戦をとり続けると予想されている。

「家族に会いたい」と兵士は訴える

ウクライナ軍が物量に勝るロシア軍の攻撃を食い止めることができている大きな要因は、兵士の士気だという。

「戦う意味が分かっているから、兵士らは闘志満々だ。われらの国を守るという思いは強い」

（フィズルーク軍曹）

とはいえ、戦争の長期化で兵士らにもさすがに疲労の色が見える。分隊長に兵士の休暇について尋ねると、「休暇はない。常に戦いだ。いまロシアが攻撃してきているなかで兵士をローテーションして休ませる余裕はない」との答えだった。戦争遂行中は、兵士は原則、退役できないのである。

私たちが取材した砲兵部隊の作戦区のさらに先では、塹壕《ざんごう》にこもるウクライナ兵が数十メートルの距離でロシア兵と対峙しているという。こうした緊張の極限にある戦場でも、交代要員が送られてくるのは、死傷者が出るなど特別な理由があるときに限られる。ストレスに耐えられず、わざと負傷して戦場を離れようとする兵士までいるという。

家族に会いたいと訴える砲台の中の兵士

入隊して二年の砲兵にビデオカメラを向けると、やつれた表情を隠そうともせずに「戦争が長引いて休暇がとれず疲れている。家族に会いたくてたまらない」と言う。こんなグチを外国の取材者にもらしてもいいのか、と私が上官の軍曹を見ると、しょうがないなという表情で苦笑していた。私たちに不満を吐露する部下をとがめない軍曹のその態度に少し救われる思いがした。

首都キーウでは、一〇月以降、戒厳令でデモが禁止されているにもかかわらず、兵士の妻たちが夫の除隊時期をはっきり示すよう政府に要求するデモが続いている。前線での武器・弾薬の不足に加え、兵士や国民には戦争疲れも現れ、ウクライナは試練に直面しているように見える。

兵器や弾薬の不足、そして兵士たちの疲労、前線の砲兵部隊には、ウクライナ軍をとりまく状況の厳しさが現れていた。

ロシアが四州の「併合」を宣言

ドネツク州中部で、この砲兵部隊が対峙するロシア軍との前線は、ロシアの傀儡《かいらい》国家「ドネツク人民共和国」との境界線にほぼ沿っている。敵軍の激しい攻勢をよく食い止めてはきたものの、州全体ではおよそ六割の面積がロシア軍に占拠されている。

ウクライナへの全面侵攻から七カ月たった二二年の九月三〇日、プーチン大統領は、ウクライナの東部・南部四州（ドネツク州、ルハンスク州、ザポリージャ州、ヘルソン州）をロシアに「併合」すると宣言した。二〇一四年にクリミアを併合して八年、ロシアはふたたび一方的に他国を侵略して領土を奪うという、国連憲章を真っ向から踏みにじる行為を行ったのである。この時、州のほぼ全面積をロシアが軍事占領していたのはルハンスク州だけだったが、先に併合したクリミアとこれら四州を合わせると、ウクライナ国土面積約六〇万四千平方キロの二二・四％にあたる土地をロシアは一方的に自国領と宣言したのだ。

北方領土を含む北海道の面積がちょうど日本国土の二二％だから、いきなり他国が日本に侵略してきて

「北海道はもらったぞ」と宣言するようなものである。奪われるのは国土だけではない、そこに住む人々、そして先祖たちが営々と築いてきた文化も蹂躙されるのである。ウクライナの人々の憤りを多少は想像できるのではないだろうか。

ロシアが四州の「併合」を宣言するや、ウクライナのゼレンスキー大統領はこれを激しく非難し、対抗措置としてNATOへの加盟申請を進めることを表明した。これまでウクライナはNATOに加盟する申請さえしていなかったのである。ついで一〇月四日にはプーチン大統領との和平交渉は「不可能」であるとする法令に署名。「ロシアとの交渉の用意はあるが、別の大統領とだ」と発言している。

ロシアは「併合」の二年前の二〇二〇年、連邦憲法を改正して領土割譲を禁じている。ロシアがクリミアと四州を自国領にしてしまった以上、この「国境線」を変更することは憲法違反となる。ロシアは自ら和平合意をきわめて困難にしている。

「北方領土」で日本と連帯

ロシアが四州の「併合」を宣言した直後の一〇月七日、ウクライナ最高会議は、日本がロシアに返還を求めているいわゆる「北方領土」を日本領と確認すると決議した。決議では「日本の北方領土に対する立場を支持する。国際社会は、北方領土が日本に帰属するという法的地位を定めるため、すべての可能な手段を講じるべきだ」とし、国連などの国際機関も北方領土を日本の領土とするための一貫した支援と行動をとるよう訴えている。日本は、ウクライナがロシアに不当に奪われている領土を回復する戦いにおける「同志」というわけである。

ウクライナにおける日本の「北方領土」問題についての関心は高い。市民にインタビューをしていると、こちらから尋ねてもいないのに「千島における日本の主張を支持します」と唐突に言われ驚くこともあった。

ちなみに北方領土のロシア人住民（約一・八万人）のおよそ四割はウクライナ系だという。ロシア帝国時代、ウクライナ地方の貧困と人口圧は大量の国内移民を生んだ。とくに一八八〇年代から二〇世紀初めにかけて、膨大な農民がウラル山脈以東へと移民している。シベリア鉄道が一九〇三年に完成していたが、多くは海路でオデーサ港からはるばるスエズ運河、インド洋を越え、数千キロ離れたウラジオストク港へとたどり着いた。一九一四年には、ロシア極東地方にロシア人の二倍にあたる二〇〇万人のウクライナ人が定住していた。移住から年月がたち、ほとんどは自らをロシア人と意識しているというものの、数多くのウクライナ人の子孫たちが現在も日本の対岸に暮らしているというのは興味深い。[※3]

※１　平野高志「ロシアのプロパガンダを発信してしまう日本の「専門家」たち」JB press、二〇二二年二月二日付。(https://jbpress.ismedia.jp/articles/-/68729)

※２　“50,000 Russian soldiers confirmed dead” BBC, April 18, 2024. (https://www.bbc.com/news/world-68819853)

※３　黒川祐次『物語ウクライナの歴史』（中公新書、二〇〇二）一四二～一四三頁。

第4章　ロケットランチャー部隊　前線からのリポート②

遅れる欧米からの軍事支援

朝、出発しようと野外に駐車していた車に近づくと、フロントガラスに霜が降りていた。一〇月中旬なのに、気温が零度近くにまで下がっている。ところがその数日後には一転二〇度を超え、ＴシャツでＯＫという陽気になった。「気候がおかしくなっている」とウクライナ人が言う。地球温暖化はここでも異常気候をもたらしているようだ。

ウクライナ東部ドネツク州の前線に向かって車を走らせていると、途中、巨大な運搬車両を追い越した。積まれていたのは、二台のＭ１エイブラムス。アメリカがウクライナ軍に供与した米軍の主力戦車である。「おお、ついに届いたんだな」と通訳のユーリーがうれしそうに微笑む。バイデン大統領がエイブラムス供与を発表したのはロシアによる軍事侵攻から一年近くたった昨年一月だが、供与された三一台がウクライナ軍に渡されたのは私たちがウクライナに着く直前、九月下旬だった。私たちが見た二台は、これから前線に配置されるところだったのかもしれない。

欧米の軍事支援は、決定も遅いうえ、実際にウクライナに届くのにも時間がかかっている。振り返ると、ロシアの全面侵攻を受けての緒戦では、まだ外国からの本格的支援のないウクライナが自力で反撃し、ロシア軍を押し返したのだった。欧米はウクライナ軍の大健闘を見て、軍事支援の強化へと動いた経緯がある。それにしても侵攻から一年半も経ってようやく戦車が届くという支援のスピードに、前線の兵士たちは大きな不満を漏らしていた。

ロケットランチャー出動！

この日訪ねたのは、第五九独立自動車化歩兵旅団のBM-21自走多連装ロケット砲部隊。同旅団は、東部戦線でロシア軍との戦闘を続ける主力部隊の一つである。BM-21は、一九六〇年代初頭にソ連が開発した旧共産圏の代表的なロケットランチャーで、今も世界中で広く使用されている。トラックの台座の上に四〇本の発射筒（ランチャー）が載っていて、連射時には四〇発のロケット弾を二〇秒で発射することができる。ウクライナ軍が使用する兵器のほとんどは、一九九一年の独立前のソビエト時代のものだ。前線ではウクライナ、ロシア両軍とも同じ型の兵器で撃ち合っている。

出撃指令が出たBM-21に同乗させてもらう。運転台にはウクライナのポップスが大音量で流れ、運転する兵士は鼻歌交じりでハンドルを握っている。ここでは日常が戦闘。いつもピリピリと緊張しっぱなしでは戦い続けられないのだろう。

着いたのは遠くまで見渡せる小高い場所だった。兵士たちは慣れた手順で動き、すばやく照準を合わせ

BM－21の運転席はポップスが流れていた

て射角を調整する。到着してから発射まで、わずか数分しかかからなかった。最大有効射程は約二〇キロで、今回のターゲットは約八キロ先のロシア軍の部隊だという。私は発射台のほぼ真横に一〇メートルほど離れ、中腰でカメラを構えたが、ロケット発射の爆風はものすごく、体のバランスを崩し尻餅をついてしまった。

多連装ロケット砲は高速連射が可能なのだが、手持ちのロケット弾が少ないのか、単射で撃ち終えると撤収した。発射地点にはすぐに敵からの反撃が来る可能性があるので「撃ったら逃げる」を徹底しているといい、ただちに猛スピードでその場を離れる。数キロ走ったところに林があり、木々に隠れるように車を停めた。静かな林の中に、ロシア軍が撃った砲弾が遠くに着弾する音がひっきりなしにひびく。ウクライナ軍は明らかに防戦に回っていた。

塹壕戦で膠着する前線

ＢＭ－21ロケット砲部隊を率いるロマン分隊長に現在の戦闘について聞いた。

BM－21の前で取材に応じるロマン分隊長

「難しい状況になっています。ロシア軍は二重三重のかたい防衛ラインを築いているうえ、対戦車地雷を五平方メートルに一つという高密度で敷き詰めています。最前線では歩兵が少し進んでは塹壕を掘って守るという戦いで、一進一退です」と険しい表情で答えた。ここでも最前線は塹壕戦になっており、戦線は膠着《こうちゃく》しているという。

ロケット砲部隊の主な任務は「阻止攻撃」――後方連絡線上の敵部隊や物資を撃破し、最前線への輸送を遅らせたり妨害することと――だという。具体的には、塹壕の後方から繰り出してくる敵の装甲車両や兵員、兵站《へいたん》を破壊することだ。戦闘は激化しており、この部隊への出撃指令の頻度は、以前の三倍から五倍に増えたそうだ。分隊長は防衛ラインを少し後退させていることを認めながらも、ロシア軍の攻勢をしっかり守り切れていると語る。

前線の厳しい状況は、私たちの取材の直後、国軍トップのコメントで裏付けられた。一一月一日付のイギリスの『エコノミスト』誌で、ヴァレリー・ザルジニー総司令官（当時）は、両国軍の戦力が拮抗して、ウクライナ軍の反攻は計画通り進んでおらず、第一次世界大戦時のような「陣地戦の形態」(positional form)

の膠着状態に移行しつつあることに危機感を示した。戦争の長期化は、国力に勝るロシアを有利にするからだ。

二つの課題——制空権と弾薬不足

ロマン分隊長にいま最大の課題は何かと尋ねると、上を見上げて「空です」と言う。制空権である。ウクライナ側が防空システムを少しづつ導入してきたため、ロシアの戦闘機やヘリコプターがわがもの顔に上空を飛べるという状態ではなくなったものの、ロシア軍が空で優位にある状況は変わらないという。インタビューの最中、「敵機だ！」と叫ぶ声がして、直後、上から大きな爆音が降ってきた。思わずしゃがみ込み、見上げると、木々の間からジェット戦闘機三機が超低空で飛び去っていった。あとでこの三機はロシア軍機ではなく、ウクライナ軍のスホーイ戦闘機と判明したが、友軍側の上空でさえ、敵側のレーダーと地対空ミサイルを警戒して超低空飛行を強いられている。

「多くのドローンも飛んでいて、空から常に見張られています。ロケットを発射位置に移動するさい、敵のドローンが追尾していて、私たちが着くやいなや攻撃されることもあります」

（分隊長）

この取材のあと、ロシア軍はウクライナ側の拠点、アウジーイウカを攻略するが、これには航空支援が大きく貢献したという。とくに、航空機から投下され、衛星誘導により目標をピンポイントで破壊する滑空爆弾が大量に使用され、ウクライナの地上軍を劣勢に追い込んだといわれている。

弾薬不足で使用できない兵器も

制空権と並ぶ大きな課題は、ここでもやはり兵器と弾薬の不足だという。

「ロシア軍はいくらでも補給が効くので弾薬も豊富で、火砲では向こうがはるかに優勢です。わが部隊にはBM-21の三倍の射程の多連装ロケット砲、BM-30『スメルチ』もあり、より後方の兵站拠点なども狙えたのですが、去年ロケット弾が尽きてしまって今は使えない状態です」

前線でウクライナ兵から聞くのは、圧倒的な物量の差についてのこうした嘆きだ。ロシア軍の兵器と弾薬の量はウクライナ側の数倍だという。しかも、ロマン分隊長の言うように、砲弾の不足によって使用できない兵器が出てくるとなると事態は深刻である。この翌日、私はウクライナ軍の弾薬不足を示す光景に出会うことになった。

弾薬不足で爆弾を手作り

ドネツク州スヴャトヒルシク地区は、交通の要衝で、緒戦でロシア軍の機動部隊に攻め込まれたもの

道路に置き去りにされたロシア軍戦車（スヴャトヒルシク）

ロシアの戦車の残骸から金属片をあさる2人の兵士（スヴャトヒルシク）

の、二二年九月、ウクライナ軍が反撃して奪い返すことに成功した。森と湖にめぐまれ、風光明媚《ふうこうめいび》な保養地や一六世紀創立の大修道院があることでも知られる。

町に入ると、破壊されたロシア軍の戦車や装甲車が何台も道路わきに放置され、激戦の跡が生々しい。そこに二人のウクライナ兵士がやってきて、戦車の残骸から金属片をあさり始めた。何をしているのか尋ねるとニヤッと笑って「ロシアのやつらに『プレゼント』をやろうと思って」と言う。「プレゼント」とは爆弾のことだった。爆弾が足りないので、今はほとんど自分たちで作っているのだという。金属を細かく切って爆薬に混ぜると殺傷力が増す。その手作り爆弾をドローンに載せて敵陣に落とす。弾薬の不足を兵士たちが自ら補おうとしていたのだ。

「なるべく錆びた鉄片を探せ。体内に入ると感染症を起こしやすいから」と上官らしい兵士がもう一人に指示する。ロシア兵を一人でも多く死傷させようと、二人は熱心に金属片を物色し続けた。

ロシア人も同じ苦しみを味わってほしい

「ロシア人を同じ目にあわせたい」、「この苦しみをロシア人にも味わってもらいたい」。ウクライナ人からこうした言葉をよく聞く。これは、この戦争が全く一方的な戦いであることを嘆く声である。

ロシアによる全面侵攻が始まると、ウクライナでは膨大な数の人口移動が起きた。

TBS報道特集（2月24日放送）より

国連難民高等弁務官事務所（UNHCR）によると、今年四月現在、約六四九万人が国外に、約三六九万人が国内で避難しており、合わせて一〇〇〇万人超、ウクライナの人口約四一六〇万人の四分の一が住まいを追われている。国外避難者の国別の受け入れ数は、ドイツ一一四万人、ポーランド九六万人、チェコ三八万人、英国二五万人など。ロシアに逃れた人は一二一万人で最多だが、この中には一四年からのドンバス戦争で発生した難民（約三二万人、うち九七％がロシアに逃れた）も含まれる。

ウクライナ国内に安全な場所は存在しない。首都キーウはもちろん、ポーランド国境に近いリヴィウを含む全土に、連日、ミサイルやドローン（無人機）が飛来し、市民の暮らしを破壊し続けている。故郷がロシア軍に占領されたり、ロシアに「併合」されたり、自宅が瓦礫《がれき》と化すなどして、帰還のめどがたたない多くの人々がいる。この戦争に影響を受けていないウクライナ人は一人もいない。

これと対照的に、ロシア本土では、戦場にいる兵士以外の一般市民は、日常生活を脅かされてはいない。昼夜分かたぬ空襲で家を直撃されて手足を失ったり、避難のため家族が離れ離れになったり、職場が破壊されて失業したり、警報で不眠症や神経症になったりといった被害を被っていないのだ。

昨年末、「全ロシア世論調査センター」が行った調査で、この一年の重要ニュースに「特別軍事作戦」（ウクライナ侵攻のこと）を挙げた人は二一％と、前の年の六二％から三分の一に減り、戦争への関心が大きく低下した。※1 ロシア本土に住む多くの人々にとって、この侵略戦争は自分の命や暮らしにかかわる切実な問題ではないのである。

ウクライナ人の「ロシア人にも同じ目にあわせたい」という怨嗟《えんさ》の声は、自国がロシアに一方的に攻撃され続けるという戦争の構図を、市民の立場から表現した言葉なのだ。

ロシアを攻撃できないウクライナ

ロシアがウクライナの全土を攻撃する一方で、ウクライナはロシア本土を攻撃することを禁じられてきた。欧米諸国は、核戦争あるいは第三次世界大戦になることを防ぐとの理由で「ロシアを過度に刺激するな」とウクライナに言い渡してきたからだ。

ウクライナ全面侵攻から約七カ月後の二〇二二年九月二一日、プーチン大統領は国民向けの演説で、「わが国の領土の一体性が脅かされる場合には、ロシアとわが国民を守るため、われわれは、当然、保有するあらゆる手段を行使する。これは脅しではない」と核の使用可能性を語った。ウクライナ東部・南部四州の「併合」宣言を行ったのは、直後の九月三〇日。つまり演説は、これらの地域を含む「わが国の領土」を攻められたら、核兵器を含む「あらゆる手段」を使うぞという意味になる。

この演説が行われた九月は、ウクライナ軍の反撃作戦が成功し、ロシア軍は東北部一帯で総崩れになった。とくにハルキウ州では、ロシア軍は第二次世界大戦後最大の軍事的敗北を喫したといわれ、広大な占拠地からの撤退を迫られた。プーチン大統領は、戦場での敗北が続く焦りから核使用の脅しをかけたとみられる。

欧米はロシアの脅しに腰が引けたか、長距離ミサイルなどロシア本土を攻撃できる兵器のウクライナへの供与を控えてきた。ウクライナはロシア本土を攻撃しない条件で、いわば手を縛られたまま戦わざるを得なかったのである。

ロシアは今年になってウクライナ全土への空からの攻撃を強め、被害が拡大してきた。三月二二日にはロシア軍はおよそ九〇発のミサイルと六〇機以上のドローン（無人機）でウクライナ全土に大規模な攻撃を行い、各地のエネルギーインフラ施設などに大きな被害を与えた。ウクライナ空軍は、三七発のミサイルと五五機のドローンを迎撃したと発表。この日迎撃できたミサイルは四割しかない。ウクライナの都市を空襲するミサイルやドローンはロシア本土の基地から発射されている。本来はロシア本土にあるミサイル発射基地や空軍基地を叩く必要がある。それができないため、ウクライナは防戦一方の不利な戦いを強いられ、兵士と市民の犠牲が増え続けている。

戦場はウクライナ国土の中に限られ、ウクライナ軍がロシア軍に向けて撃つ大砲の弾も自国の大地や施設に落ちる。つまりこの戦争は、ひたすらウクライナの自然と社会を破壊し、人々を殺傷し苦しめ続けているのである。

あれをするな、これは禁止とウクライナに注文をつける一方、欧米はウクライナが要求する兵器を供与せず、供与されてもすぐには届かない。「欧米はウクライナを本気で支援していない」と不信感を持つウクライナ国民は少なくない。

ウクライナの抵抗が支援を引き出す

支援の実態とはうらはらに、西側諸国はロシアの力を削ぐためにウクライナを利用し積極的に軍事支援しているとする言説がある。それは「代理戦争論」ともなり、ウクライナ戦争はもともと欧米が仕掛けた戦争だとの謀略論的な見方にもつながっている。

どの国も国益に従って行動し、ウクライナへの支援についてもそれぞれの思惑がある。しかし、戦争の経緯を見ると、ウクライナの主体的な抵抗こそが、他国からの軍事支援を引き出してきたことがわかる。

ロシア軍に対してどこまで抵抗できるかについては、西側のリーダーや専門家たちもウクライナを見くびっていた。強大なロシア軍は首都キーウをすぐに陥落させるというのが大方の予想だった。
ウクライナ軍がロシアの機動部隊に対して使用できた兵器は、「ジャベリン」対戦車ミサイルや「スティンガー」地対空ミサイルなど、歩兵が担ぐ小型の兵器が主だった。侵攻直後、西側がウクライナに送ったのはヘルメット二万五〇〇〇個、防弾チョッキ三万着。数週間後に銃器四万丁がウクライナに送られている。欧米はウクライナがすぐに敗北することを前提に、大規模な支援には慎重だったことがうかがえる。

ところがウクライナ国民の士気はきわめて高かった。ロシア軍の進撃に備えて市民らが道路に土嚢を積み上げ、学校では子どもの母親たちが集まって火炎瓶を作り、兵士への食事を用意するなど、住民がこぞって祖国防衛に参加する姿が見られた。ウクライナは大きな犠牲を払いながらも最初の一カ月を持ちこたえ、首都の防衛にもみごとに成功した。

ようやく西側からの軍事援助が本格化してくるのはそこからである。アメリカは四月、155mm榴弾砲「M777」七二門と新型自爆ドローン「フェニックスゴースト」一二一機や「スイッチブレード」一〇〇機を供与。チェコからは戦車T72十数台が送られた。さらに六月にアメリカ製の誘導ロケット発射システム「HIMARS（ハイマース）」（射程八〇キロ）が供与されたころから、ウクライナ軍がロシア軍部隊を押し返す局面が多くなっていった。

ロシアの侵攻開始からほぼ一年がたった昨年一月から、戦車――ドイツの「レオパルト２」と英国の「チャレンジャー」――がウクライナに供与されはじめ、五月にはアメリカの戦闘機F16の供与が決まった。ウクライナが侵略に抵抗する戦いで成果をあげ、より強力な兵器の供与を要請するなかで、少しづつ支援が拡大していった。ウクライナの全住民をあげての主体的な戦いが、欧米からの軍事支援を引き寄せてきたのである。

支援の遅れで時期を逃した反転攻勢

昨年六月に開始されたウクライナの反転攻勢は「不成功」に終わったが、その原因の一つは欧米の軍事支援の遅れにあったとされる。

ゼレンスキー大統領は昨年一一月三〇日、反転攻勢で「望んだ結果が得られなかったことは事実だ」（昨年一一月三〇日米AP通信とのインタビュー）と認め、「我々は人員を失っている。要望した兵器のすべてを得られなかった」とも述べて米欧諸国による武器供与の遅れにいらだちを示した。十分な兵器と弾薬がなく、攻勢開始の時期が遅れたため、ロシア軍に二重三重の強固な防衛ラインを準備する余裕を与えてしまったという。

軍事評論家の小泉悠・東京大学先端科学技術研究センター准教授、高橋杉雄・防衛政策研究室長もこの見方を支持しており、アメリカは何かと理由をつけて長距離兵器の供与を渋っていて「ウクライナを勝たせる気がないんじゃないか」としか思えない（小泉）という。また、飛行機やミサイルで敵の後方を攻撃する「航空阻止」の重要性を指摘しつつ「二〇二二年の秋に西側諸国が戦車供与の決断をしていれば、今ここまで酷い戦況にはなってなかったわけですよね。逆に言うと、この（二〇二三年の）夏の間にちゃんとF16の供与を始められれば、来年の春や夏にはもう少しマシな戦いが出来る可能性があるわけです」と語る。西側の支援が遅いから、ウクライナは領土を奪還できない。ウクライナが領土を奪還できないから西側の支援疲れが進む。こうした悪循環に陥っていると小泉氏は見ている。※2

昨年末から今年春にかけて、アメリカからの軍事支援が滞ったためにウクライナは苦戦を強いられ、東部戦線ではアウジーイウカはじめいくつかの拠点を失った。ウクライナが切望していたF16戦闘機は、供与が決まった昨年五月から一年以上がたった今年七月末、ようやく最初の数機が到着している。

ドローンでロシア領内の基地を攻撃

「ロシアを過度に刺激しない」よう欧米にクギを刺されてきたウクライナだが、今年に入ってロシア国内の石油関連施設などを標的にドローン攻撃を繰り返している。石油の生産を妨害することでロシアの戦費となる収入源を断つ狙いがあると見られている。

アメリカはウクライナにロシアの石油精製施設に対する攻撃をやめるよう求めたと『フィナンシャル・タイムズ』（三月二二日）は報じている。この記事によると、バイデン政権は、ロシアの石油生産能力の低下で世界的なエネルギー価格が上昇し、アメリカ国内のガソリン価格などが上がれば、一一月のアメリカ大統領選挙に影響を及ぼすと懸念したという。これについて、ゼレンスキー大統領は、『ワシントン・ポスト』のインタビューで、「（無人機攻撃に関して）アメリカの反応は肯定的ではなかった」と先の報道を認めた一方で、「我々は自分達の無人機を使用した。誰も私達に対して攻撃するなとは言えない」と述べ、攻撃を続ける姿勢を示したという。※3

ウクライナ軍は、他国から支援された兵器ではなく、自国生産のドローンならどう使おうが文句を言われる筋合いはないとして、四月二日には、ロシア本土深く、国境から一二〇〇キロ離れたタタルスタンまでドローンを侵入させ、イランのドローン「シャヘド」の組み立て工場と大規模石油関連施設を攻撃した。連日「シャヘド」の攻撃を受けているウクライナにとっては、その生産施設はどうしても叩きたい標的だったのである。

今年の春、ロシア本土への攻撃をめぐってのウクライナと支援国との駆け引きに転機が訪れた。

ロシア攻撃を要求するウクライナ

軍事援助は西側の抑制的な姿勢とのせめぎ合いのなかで進められ、ウクライナにとっては歯がゆさの募るものだった。昨年一〇月にアメリカが射程の長い地対地ミサイルATACMSを供与しはじめたが、供与されたのは中射程（一六五キロ）の二〇発だった。ウクライナ海軍のネイジュパパ司令官は、「敵のインフラ施設を破壊する能力を持つほど、勝利は近くなる」と、ロシア領内の拠点への攻撃を含む兵器の柔軟な運用を認めるよう訴えた（イギリスのテレビ局、スカイニュースとのインタビューで）。

今年春、アメリカはこれまで供与をためらっていた最大射程三〇〇キロのATACMSをウクライナに供与した。ただし、四月下旬時点では、この長距離ミサイルをウクライナ国内でのみ使用することを供与

の条件にしていた。※4

五月、ロシア軍はウクライナ北部の国境を越え、ハルキウ州に侵攻してきた。ロシア軍のハルキウ州内への侵入は、一昨年九月にウクライナ軍が州のほぼ全域を奪還して以降、初めてだった。

ロシア軍は今年になって航空機から投下し衛星誘導で正確に目標をとらえる滑空爆弾（guided aerial bomb）による攻撃で大きな被害をウクライナ側に与え、ハルキウ州でも東部戦線でも地上戦でじりじりと占領地を広げている。

「今週一週間だけでロシアは八〇〇発以上の滑空爆弾をウクライナに対して使用した。（略）わが国民の防御を支援する明確な決断が必要だ。長距離の攻撃能力と近代的な防空が、日常となったロシアのテロを止める基盤となる」

（ゼレンスキー大統領、二〇二四年六月三〇日のXより）

ウクライナがロシア領内の航空基地や軍需工場を攻撃して、空襲による被害を防ぎ、ロシアの継戦能力を減退させる必要がある。ロシア領内への攻撃こそがロシアを交渉のテーブルにつかせることにつながる。こうしたウクライナ側からの強い要請に応える形で、五月から六月にかけ、アメリカや欧州各国は、ウクライナによるロシア領内への攻撃の限定的承認に踏み切った。

この方針転換が、今後の戦況にどう影響を与えるか注目される。

日本も対ウクライナ軍事支援に関与

私たちが昨年秋にウクライナで取材をしていたころ、ロシアが大量の砲弾やロケット弾を北朝鮮から調達するとのニュースが流れていた。一一月一日、韓国の情報機関である国家情報院は、北朝鮮が八月以降、一〇回以上にわたり一〇〇万発以上の砲弾をロシアに供与したと発表した。最前線が塹壕戦となったいま、砲弾の調達は戦況を左右する。ロシアはこの見返りにミサイル関連技術などを北朝鮮に提供するとみられる。

ロシアはミサイルも北朝鮮からの提供を受けている。国連制裁の監視団は、国連安保理への報告書で、今年一月二日にロシアから発射されウクライナ北部ハルキウに着弾したミサイルの残骸を調査したところ、北朝鮮の「火星11ミサイルに由来するものだった」とし、北朝鮮が武器禁輸措置に違反していると指摘した。

東アジアからウクライナ戦争に兵器が輸出されたことが明らかになったわけだが、実はわが日本もすでに、ウクライナをめぐる国際的な軍事支援に関与している。

昨年一二月二二日、日本政府は「防衛装備移転三原則」を改定し、地対空迎撃ミサイル「パトリオット」（PAC2、PAC3）をアメリカに輸出する方針を決定した。これはアメリカのミサイルシステムで、日本では、三菱重工がライセンス生産している。なぜ日本がアメリカに輸出するのか。

　ウクライナはロシアのミサイルを迎撃するため、アメリカに防空支援、とくにパトリオット・ミサイルの追加供与を求め続けている。アメリカがこれに応じて供与を続けると、アメリカ自身の国防用に必要な在庫に不足をきたす。昨年一〇月に始まったガザ戦争によりイスラエルへの軍事支援も加速し、アメリカは兵器不足に陥っている。そこで、他国から武器・弾薬を輸入し、在庫に余裕ができた分を支援対象国に送るのだ。

　アメリカは日本政府の決定を歓迎し、日本の輸出は「米軍の在庫を補完するため」と明言している（一二月二二日のサリバン米大統領補佐官（国家安全保障担当）の声明）。外務省は迅速な対応のためとして、自衛隊がいま保有するパトリオットを米軍に移転するという。アメリカは日本製のパトリオットで自国の備蓄を補充し、自国にある同型ミサイルをウクライナに送る。これはアメリカを経由した間接的な対ウクライナ軍事支援と言えるのではないか。

1　14版△　2023年（令和5年）12月23日（土）

殺傷兵器の輸出 解禁
政府、装備移転三原則改定

■防衛装備移転三原則と運用指針改定のポイント
・「ライセンス生産品」のライセンス元の国への輸出の全面解禁
・「5類型」で殺傷兵器の輸出解禁
・国際共同開発品の部品は第三国へ輸出可能に
・ウクライナに限らず「被侵略国」全般に非殺傷兵器を提供可能に

朝日新聞記事（2023年12月23日付）

　日本政府の対応は、韓国がアメリカに数十万発の砲弾を輸出し、砲弾数の備蓄に余裕ができたアメリカが米軍が持つ「お古」の砲弾をウクライナに供与した事例をなぞったものだった。

　いま日本は相次いで大きな防衛政策の転換を行っている。一九七六年に武器輸出は原則禁止にして認める場合は例外としたが、二〇一四年、安倍政権下で防衛装備移転三原則を策定し、一定の条件下で輸出を解禁。岸田政権は今回のミサイル輸出とその後の次期戦闘機の輸出に際しての二回、三原則の運用指針を改定して殺傷兵器の輸出解禁に踏み切った。[※5] 改定は国家安全保障会議（NSC）の閣僚会議で、つまり内閣で決めることができる。近年の自民党政権は国家の基本姿勢にかかわる重要な問題を国会にはかることなく、閣議で次々と決めている。

四月の岸田・バイデンによる日米首脳会談で設置を決めた「日米防衛産業協力・取得・維持整備定期協議（DICAS）」の会合が六月九〜一一日、都内で開かれ、防衛装備に関する具体的な協力策の議論を始めた。その一つには、ミサイルの共同生産を進め、米軍の武器不足を補うことが挙げられている。日本が防衛協力で担う役割は一層大きくなる。

こうして日本はウクライナへの軍事支援への関与を深めるとともに、防衛政策を大きく転換させつつある。ウクライナの戦争は、私たちにとってもう「他人事」ではないのだ。

※1　この調査では、ロシア全国の一八歳以上の一六〇〇人が一二月八〜一六日に回答したという。
※2　小泉・高橋対談「戦争の4年目が見えてきた」、小泉悠『終わらない戦争　ウクライナから見える世界の未来』（二〇二三、文春新書）所収。
※3　「ウクライナの無人機攻撃 広がる波紋 その先は（油井's VIEW）」NHK国際報道2024、四月四日放送。

※4　四月二五日サリバン大統領補佐官（国家安全保障問題担当）の記者会見。
※5　「防衛装備品移転三原則について」（内閣官房ウェブサイト）。（https://www.cas.go.jp/jp/gaiyou/jimu/bouei.html）

第5章　ドローン部隊　前線からのリポート③

最大の課題は航空戦力の劣勢

前線の地上軍部隊の兵士に、直面する困難は何かと問うと、武器弾薬の不足とともに、「航空戦力の不足」という答えが返ってくる。私が訪れたウクライナの前線の多くは、見晴らしのよい平原になっていた。そこで戦う地上軍部隊にとって、「空」をどちらが制するかは死活問題となる。銃後においても、市民がもっとも恐れるのはミサイルや航空機を使っての空襲である。

ザルジニー総司令官（当時）によれば、ロシアが侵攻してきた時、ウクライナ軍の航空戦力は惨状を呈していたという。

「ウクライナ軍は一二〇機の戦術機をもって参戦したが、そのうち技術的に使用に適していたのは四〇機にすぎず、中・短距離対空ミサイル大隊のうち完全に使用可能な装備をそなえていたのは一八しかなかった」

ザルジニー氏は、ウクライナ軍が戦況を好転できない大きな要因に、敵の圧倒的な「航空優勢（air superiority）」を挙げ、これを何としても打開する必要があるという。※1

ゲームチェンジャーとなったドローン

ウクライナの劣勢な航空戦力を補ったのがドローン（無人飛行機）だった。ロシアによる軍事侵攻直後、首都キーウの近郊まで攻め込んできたロシア軍を撃退し押し返すことができたのも、ドローンの貢献が大きかった。ドローンは各地で戦局を左右する「ゲームチェンジャー」となり、ウクライナ戦争は「史上初のドローン戦争」とも呼ばれている。

取材交渉の結果、第二八独立機械化旅団のドローン部隊への同行取材が許された。この旅団は昨年二月に南部から東部戦線に転戦し、一〇月以降攻勢を強めるロシア軍と対峙している。

車体を緑色に塗ってカムフラージュしたドローン部隊の軍用車に同乗させてもらい、ウクライナ東部ドネツク州の幹線道路を前線へと向かう。途中で未舗装の狭い農道に入り、着いたのは広大な麦畑だった。冬小麦の新芽が青々と育っている。私の乗った軍用車は畑の一角にある疎林に突っ込み、上空の敵の「眼」から隠れるように木立の中に停車した。

偵察用ドローンが出撃

ドローン部隊の一チーム三人が手分けして準備にかかる。分解して格納していたパーツを車から下ろし、翼を胴体に取り付け、ドローンを組み立てていく。その間、別のスタッフが通信用アンテナとカタパルト（射出機）を麦畑に設置した。

有翼タイプのLeleka100は、ウクライナ軍でもっとも普及している偵察用ドローンだという。一機五万五〇〇〇ドル（一ドル一五〇円換算で約八二五万円）。ウクライナの民間企業DEVIRO社が開発し、商用の監視・偵察ドローンとして使用されていたものを二〇二一年にウクライナ軍が公式に採用した。半径五五キロ内を最長三時間半飛行する性能をもつ。二五倍ズームができる赤外線検知のサーマルカメラを搭載しているので、夜間でも上空からロシア軍の兵員や兵器、施設の配置や動きを偵察できるという。

偵察用ドローンLeleka100を組み立てる

畑の向こうから重火器の連続した射撃音が聞こえる。距離は数キロ先だろうか。同行の兵士によると、「ロシアのカミカゼ（自爆）ドローンと偵察用ドローンが一緒に飛んできたので、友軍が迎撃して撃ち落とそうとしている」と連絡が入ったそうだ。ドローンはロシア軍も活用しており、いつなんどき空から攻撃されるかわからない。にわかに不安になって空を見上げた。なお、爆弾もろとも目標に突入して破壊する自爆ドローンを「カミカゼドローン」と呼ぶのは、日本人としてはちょっとひっかかるが、この呼称はすでに世界中で使われている。

ドローンの効果的運用法

ドローンは、ゴムの張力を利用したバンジー式カタパルトで発射された。畑に打ち込んだ杭を支点にして、ゴムのロープをドローンに引っかけて伸ばし、パチンコのようにゴムの反発力で空に放つと、ドローンは空高く上昇してすぐに見えなくなった。

チームのスタッフは車に戻り、車両後部に設置されたコントロールブースの前に座る。この日は風が強く、雲が低く垂れて視界が悪いため、データ収集だけを行うという。しばらくするとおよそ二〇キロ先のロシア軍との最前線付近がモニターに映りはじめた。ドローンは米スペースX社の衛星通信網スターリンクと接続され、映像はGPSを使って解析される。ウクライ

オペレーターのレバックさんがドローン発射後、視界から消えるまで手動で操縦していた

ドローンから送られてきた映像を見る兵士

ドローンから下を歩くロシア兵を狙って爆弾（中央の青）を投下した瞬間
（ドローン部隊提供）

ナ軍は、偵察ドローンを使った正確な位置情報を得ることによって、ロシア軍の軍用車両や兵站基地をピンポイントで破壊し、各地で大戦果を挙げることができたのである。

現在最も一般的なドローン攻撃は、偵察用と攻撃用の二種のドローンの連携プレーで行われる。偵察用ドローンは高く飛んで敵を上空から俯瞰《ふかん》視点でとらえ、映像データを転送する。その映像はＡＩで解析され標的を識別、インターネットを通じて味方同士で情報が共有される。攻撃用ドローンは「カミカゼドローン」と呼ばれるＦＰＶ（First Person View＝一人称視点）自爆ドローンで、縦横三〇センチほどのクアッドコプター（四つの回転軸を持つドローン）にロケット砲弾や対人用爆弾をくくりつけて飛ばす。操縦者は操縦用ゴーグルをつけ、ネットで送られてきた標的情報をもとに、自爆ドローンのカメラの映像をリアルタイムで飛行機を操るように見ながら攻撃対象に突入させる。自爆ドローンは最前線で敵の軍用車両や兵士、塹壕を攻撃するのに多用されている。

ドローン作戦を支える民間ボランティア

兵士が意外なことを教えてくれた。チームが使っている軍用車両は、民間ボランティアから寄付されたものだという。ドローン自体をボランティア団体が調達することもよくあるそうだ。

ウクライナでは、民間ボランティアが軍事にまで関与し、戦闘を支えている。「カムバック・アライブ（Come Back Alive「生還する」の意味）」というＮＧＯは、クラウドファンディングで集めた資金で、二五機のLeleka100をはじめ兵器や装備品を調達しウクライナ軍に供与しただけでなく、兵士に対してドローンの操縦法や射撃術、応急手当などの訓練をも提供している。

ウクライナでボランティア活動が活発になる大きなきっかけになったのは、二〇一四年の「マイダン革命」だった。国の現状を自分事《じぶんごと》として変えようとするなかで、互いに同胞として助け合う意識が高まっていった。クリミアをロシアが「併合」し東部でドンバス戦争が始まると、自ら銃をとり義勇兵となって戦闘に参加したり、東部から避難してくる人々を自発的にサポートするなどの活動が一気に広がったという。

「カムバックアライブ」は、ドンバス戦争開始直後の二〇一四年五月に創立され、それ以来ウクライナ国軍へのハード、ソフト両面での支援を続けている。あまりに弱体なウクライナ軍を見かね、自分たちで支えようとの思いで発足したという。

ドローンは他の兵器と異なり、自国ですぐに生産を始めることができる。ロシアによる侵攻当時は生産体制が貧弱で、輸入したトルコ製ドローン「バイラクタル」などに頼っていたが、その後、自国内生産を急速に拡大している。

一昨年（二〇二二年）七月、ウクライナはドローンの調達支援プロジェクト「ARMY OF DRONES（ドローン軍団）」を立ちあげた。ＳＦ映画『スターウォーズ』の主役をつとめた米俳優マーク・ハミルがキャンペーンの顔となり、一年間で七一〇万ドル（約一〇億六五〇〇万円）の募金を集め、多くの機体を調達。この間、ウクライナ国内での製造能力は一〇倍になり、現在およそ民間企業二〇〇社がドローン製造に携わっているという。また昨年一〇月までで二万人のオペレーターを育成したとしている。

私が取材したドローン部隊のオペレーター、レバック氏は、もとは建設業に従事していたそうだ。建物の撮影のためにドローンを扱ったことはあったが、本格的に軍事用ドローンの操縦を学んだのはロシア侵攻後に軍に入隊してからだという。ウクライナは今、ドローンを操作する人材の育成をも急ピッチで進めている。

兵員不足を補うドローンの活用

ウクライナがドローンを重視するのには、二つの切迫した理由がある。一つは調達費用が安くコストパフォーマンスがよいこと。もう一つは兵士の安全性の面でも優れているので、兵員不足を補う可能性があることだ。

米国製の歩兵携行式ミサイル「ジャベリン」は、ロシアの侵攻直後に多くの装甲車両を破壊する戦果を挙げたことで知られる。ただ、発射装置が二億七〇〇〇万円、ミサイルは一発二三〇〇万円と高価なうえ、射程は二キロほどなので射撃手は攻撃対象に近づく必要があり、命の危険にさらされる。これに比べ、FPV自爆ドローンは一機数万円の民生用を転用でき、操縦者は敵からの距離を十分に保ったまま攻撃するので、兵士の犠牲を少なくすることができる。

ウクライナ軍は前線の兵員不足が深刻で、追加動員が必要となっている。遠隔操作のドローンによる戦闘は、入隊する市民にとっては危険度がより小さく、受け入れられやすい。従軍中の兵士の中からもドローン部隊への転属を希望する者が相次いでいるという。

多様化するドローンの用途

今年二月、ゼレンスキー大統領はドローンを専門とする「無人システム部隊」を創設する大統領令に署名した。軍部や国防省、政府が一体となり、ドローンを使った作戦をより洗練化するという。ゼレンスキー大統領は、ドローンは「陸海空の戦闘で有効性が証明されてきた」と強調し、成功事例として「黒海の安全保障環境を変えた」ことを挙げた。ロシアが支配するクリミア半島とロシアを結ぶクリミア橋で昨年七月に起きた爆発は水上ドローン（無人艇）を使った作戦だった。

海軍力でも圧倒的に劣るウクライナは、ロシアの全面侵攻後、水上ドローン「マグラV５」の開発・製造に着手。これを使ってクリミアに駐留するロシアの黒海艦隊を繰り返し攻撃している。二月一日にはミサイル艇「イワノベツ」、同一四日には大型揚陸艦「ツェーザリ・クニコフ」を撃沈、三月五日には哨戒艦「セルゲイ・コトフ」を「マグラV5」を使った攻撃で撃破したと発表している。ウクライナは二四年三月現在、ミサイル攻撃による撃破なども含め、侵攻前に七〇隻超で編成されていたロシアの黒海艦隊の艦艇の三分の一に当たる三〇隻弱を無力化したとしている。

ウクライナはさらに、地上戦闘用のドローンの開発も進めている。地上ドローンは幅広い任務の遂行が可能で、兵士の代わりに危険な場所に行くこともできる。ドローン開発の戦闘に立つミハイロ・フェドロフ第一副首相兼デジタル改革相は、昨年九月中旬、地上ドローン「Ironclad（アイアンクラッド）」を、前線での戦闘ミッションでテストしていると明かした。この地上ドローンは機関銃を装備しており、偵察任務に加えて火力も提供するという。

世界を巻き込むドローン・ウォー

ウクライナ戦争におけるドローンの重要性を見て、NATOも動いた。NATOのストルテンベルグ事務総長は二月一五日、複数のNATO加盟国が協力してウクライナにドローンを一〇〇万機提供すると発表。英国とラトビアが主導し、ウクライナを含めドイツやオランダなど七カ国が「ドローン連合」に参加するという。

一方、ロシアも昨年、ドローンの大増産に着手した。ウクライナの都市やインフラへの攻撃にも、巡航ミサイルよりはるかに安価なドローンを多用するようになっている。昨年一一月二五日、ロシア軍は計七五機のイラン製自爆型ドローン「シャヘド１３６」でキーウなど少なくとも六地域を攻撃。ロシア軍のドローン攻撃としては最大規模で、その後も大量のドローンを使った都市攻撃が続いている。「シャヘド」は全長三・三メートルの大型有翼ドローンで、時速一八〇キロ、最大飛行距離は一五〇〇キロ以上の性能をもつ。ロシアはウクライナ国境から一〇〇〇キロ以上離れたタタルスタン共和国の組み立て工場で月間二〇〇機を生産していたとされる。連日「シャヘド」の攻撃を受けているウクライナにとっては、その工場はどうしても叩きたい標的であり、前章に記したように今年四月、ドローンによる攻撃を敢行している。

これまでアメリカに抑制されてきたロシア領内への攻撃を、自前の兵器で行うため、ウクライナは航続距離の長いドローンの開発に力を入れてきた。昨年一二月一九日にはゼレンスキー大統領が、FPV自爆ドローンを今年中に一〇〇万機製造する計画を明らかにした。うち航続距離が数百キロの攻撃用ドローンを一万機、一〇〇〇キロを超えるものを一〇〇〇機以上製造する計画だという。

戦争が長期化し消耗戦となるなかで、ウクライナ、ロシア両軍ともドローンさらにはＡＩへの依存を高めており、開発力と生産力が戦いの帰趨《きすう》を決するカギの一つになったと見られている。

ドローンの開発・生産競争でロシアがすでに優勢になったと見るのはグーグルの元ＣＥＯで、米政府の諮問機関、ＡＩ国家安全保障委員会委員長もつとめたエリック・シュミットだ。ロシアのドローン調達数がウクライナの二倍に上ること、ロシアは監視用・攻撃用二種の国産ドローンを組み合わせた戦術で効果を上げていることなどを挙げ、ドローン戦争の主導権はウクライナからロシアに移りつつあると分析。

「ウクライナが開発と調達におけるロシアとの差を埋めるためには、欧米からの持続的な財政的・技術的支援が必要」と結論づけている。[※2] ここでもまた、国外からのウクライナ支援の重要性が指摘されている。

AIをめぐる世界軍拡競争

ウクライナでのドローン戦は国際的な軍拡競争にも影響を与えている。

昨年八月、アメリカ国防総省は「レプリケーター・イニシアチブ（無人機・自律型兵器計画）」で、ドローン（無人機）とAIを本格的に配備すると発表した。これは、二〇一九年に中国国防白書が言及したAI（人工知能）を中心とする先端技術を重視する「智能化戦争（intelligentized warfare）」に危機感を持ったアメリカが打ち出した新たな計画で、民間企業の参入も視野に「今後、一年半から二年以内に数千の自律システムを開発、生産、提供を目指す」もの。この計画の策定には、ウクライナ軍が安価な民生用ドローンを使って優勢なロシア軍を撃退した教訓があずかっているという。ドローンとAIは、米中の軍事対決の中心に躍り出てきた。

この趨勢に押されたかっこうで、無人兵器への取り組みが遅れていた日本でも、二二年一二月、「無人アセット防衛能力」の強化をうたう防衛力整備計画が閣議決定された。二七年度までに約一兆円をかけて水上、水中を含む各種ドローンや対ドローン兵器の開発・整備を行うという。また防衛省と米国防総省は「最先端のAIを高度な無人機と融合させ、空中戦に革命を起こす」として、無人機に搭載するAIを共同開発することで合意している。

ウクライナで活用されるAIシステム

ウクライナでの戦争遂行にはすでにＡＩ関連の民間企業が参入し、実戦にもＡＩ技術が使われている。ウクライナ軍が活用しているとされる、アメリカのデータ解析企業「パランティア・テクノロジーズ」のＡＩ軍事支援システムの仕組みはこうだ。

偵察衛星などが三〇キロ先に敵部隊が集結していると把握したとする。そこでＡＩシステムに「ドローンで偵察せよ」と指示を出すと、最適なドローンを派遣し、敵の戦車や歩兵などの映像と位置情報を表示する。

次に「標的を攻撃するのに最適な三つの選択肢を示せ」と指示すると――

①　戦闘機Ｆ16　装備ヘルファイアミサイル×４　到達時間18分
②　火砲ハイマース　装備ＥＲ ＧＭＬＲ弾×４　到達時間７分
③　地上部隊チーム・オメガ　装備対戦車砲×31　到達時間２時間15分

と選択肢を回答。

③を選び、「地上部隊を投入せよ」と指示を出すと、地上部隊の構成、装備、地形などをもとに最適なルートをＡＩシステムが提案してくる。指揮官はその「回答」をもとに作戦計画を決定し、攻撃命令を下

すという具合だ。[※3]

偵察から自爆攻撃、砲撃の誘導にいたるまでドローンの用途は広い。ウクライナ、ロシアともに技術革新に注力し、ＡＩ搭載ドローンの実戦への投入も視野にはいってきた。ウクライナの戦場は、最先端のドローンとＡＩの実験場になりつつあり、世界を巻き込むドローン・ウォーは熾烈さを増している。

※1　Valerii Zaluzhnyi, "MODERN POSITIONAL WARFARE AND HOW TO WIN IN IT" Economist, November 11, 2023. 昨年一一月一日付のイギリスの『エコノミスト』誌より。

※2　Eric Schmidt, "Ukraine is losing the Drone War-How Kyiv Can Close the Innovation Gap With Russia" Foreign Affairs, January 22, 2024. (https://www.foreignaffairs.com/ukraine/ukraine-losing-drone-war-eric-schmidt)

※3　「連載　新生ＡＩ「第二八回　人間の判断を介さない殺傷兵器ＡＩの軍事利用、開発と規制の現状は」朝日新聞、二〇二四年三月二五日付。まだＦ16も実戦配備されていない段階でのシステムのシミュレーションである。

第6章　前線に取り残された人々　前線からのリポート④

ウクライナには戦禍から逃れたくても逃れられない人がいる。私たちは南部戦線で、今なお前線のすぐ近くに暮らす人々に出会った。砲弾がいつ落ちてくるかわからない危険な土地に、なぜとどまり続けるのだろうか。

「最も破壊された町」フリャイポレ

この日、東部戦線とともにロシア軍ともっとも激しい戦闘が続く南部戦線に向かった。ザポリージャ州はウクライナの南東部に位置し、州の面積のおよそ七割はロシア軍の支配下にある。

一進一退の戦いが続く前線近くにフリャイポレという町がある。ここはロシアによる侵攻開始直後の一時期、ロシア軍に侵入されたが、その後ウクライナ軍が反撃して取り返し、現在は約六キロ先が最前線になっている。激戦の現場だっただけに町の破壊はすさまじい。砲弾が直撃したのか、外壁が落ちて屋根の鉄骨がむき出しになった集合住宅、ドアや窓が爆風で吹き飛ばされた商店などがメインストリート沿いに並ぶ。

廃墟となった文化センターの建物とがれき

この日は朝から冷たい雨が降っていた。町の中心部にあるフリャイポレ文化センターの広場は大量のがれきで覆われていた。ロシア軍の空襲により文化センターの建物が崩壊したという。爆風で近くの木々がなぎたおされ、破壊力の大きさを見せつけている。道路をはさんだ向かい側にも、砲弾が着弾した跡のクレーターがあり、近くの三階建てのオフィスビルは、ドアや窓枠がすべて吹き飛ばされていた。

「不発弾がころがっているかもしれないので気を付けて。とくにクラスター弾は小さいので要注意」と同行の遠藤正雄さん。地面の瓦礫を踏みながら慎重にビルに近づく。割れたガラス片が靴底でジャリジャリと音を立てた。すっぽりとドアが抜け落ちた入り口から中をのぞき込むと、天井板は落ち、店名の書かれた看板やばらばらになった備品が床に散らばって、まるで津波に洗われたような惨状だ。外壁には一面に弾痕が残され、市街戦の激しさを物語っている。

ロシア軍は、ウクライナ軍による反撃で自軍の地上部隊が撤退した後の二〇二二年五月六日に市街地への激しい砲爆撃を開始、市長は住民に避難を命じた。ロシア軍はこの文化センターのほか、農作物倉庫や集合住宅などフリャイポレの民間インフラを徹底的に破壊。ウクライナ保安庁は「戦争犯罪」だとしてロシアを非難した。

あるイギリス人ジャーナリストは、この町をウクライナで「最も戦禍を被った町の一つ（one of the

most war-ravaged)」と紹介した。[※1] 私の眼にも街はゴーストタウンと化していた。

地下に暮らす人々

ふと通りに目をやると、雨で風景がかすむなか人影が見えた。雨合羽を着た人が自転車を押してこちらに近づいてくる。市長の避難指示で住民はみな町を出たはずではないのか。廃墟と化したこの町に人がいることに驚き、近づいて話を聞いた。六〇歳代の女性だった。

なぜ避難せずに町に残っているのかと尋ねると「わずかな年金しかないので避難できない」という。

二〇二二年のロシアとの開戦時、ウクライナの年金は最低額が月二五〇〇フリヴニャ（一万円弱）で、月額最低賃金が六五〇〇フリヴニャ（約二万五〇〇〇円）だった。平均的な年金額は日本円で二万円弱程度。避難すれば公的な支援があるが、支援額は大人一人につき初めの三カ月が約二万三〇〇〇円、四カ月目からはわずか約八〇〇〇円になる。これでは避難先の町で新たな住居を借りて暮らすのは無理だというのだ。

自転車で通りかかった女性

撮影中もドーン、ドーンと着弾音が響いてくる。「いま三発砲弾が落ちました」と遠藤さん。ロシア軍の榴弾砲の着弾が近づいてくるので、ここに長居するのは危険だとの遠藤さんの助言に従い、私たちはすぐ車に戻って移動した。

フリャイポレの住民一万三五〇〇人のほとんどは避難したが、先ほどの女性から、まだ住み続けている人が一八〇〇人ほどもいると教えられた。若い世代は疎開し、とどまっているのは高齢者だという。地下に住む人々がいると聞き、訪ねてみた。そこは集合住宅が立ち並ぶ一角で、見回すと、無傷の建物は一つもない。

案内されたのは、ある五階建ての集合住宅の地下室だった。砲爆撃の危険を避けて、上の階の住民八人が共同生活を送っていた。全員が年金暮らしの高齢者だ。縦四メートル横八メートルほどの空間にベッドを四台並べ、部屋の一部をキッチンにしている。

「この町には軍事施設などないのに、ロシア軍は毎日大砲を撃ってくる。外は危ないし、地上階のフラットはいつ砲弾が当たるかわからない。いやでも地下に暮らすしかないんです」と地下室に住むアウグスチナさんは言う。

地下生活をするアウグスチナさん

彼女は一年前、住んでいたフラットが砲撃で破壊されこの地下室で暮らし始めた。夫は九カ月前に心臓発作で亡くなり、娘と孫たちは州都のザポリージャにいるという。この町にとどまる理由を尋ねると、「移住するお金の余裕はありません。それに夫のお墓もあるし、住み慣れたこの町を動きたくないのです」とのこと。壁には大きなウクライナの国旗とウクライナ正教の聖像画（イコン）が飾ってあった。

電気、ガス、水道が使えない暮らし

この一帯は停電が続いているはずだが、地下室には電灯がついている。電線をたどると自動車用のバッテリーにつながっていた。市民ボランティアがソーラーパネルを提供してくれ、太陽光発電の電気を蓄電しているという。ガスも止まったままだが、ボランティアが設置してくれた薪ストーブで水を沸かして料理やシャワーに使う。地下の暮らしはボランティアの支援で支えられていた。

料理担当の女性、ニーナさんが、大きな鍋のふたを開けると、赤いスープが入っていた。「ウクライナのボルシチ、おいしいですよ」。ダンプリング（肉入り蒸し団子）やピロシキなども、材料を工夫しながら作っている。パンやマカロニなどの食糧や生活必需品は市役所や国家非常事態庁（緊急事態に救難・救助を行う官庁）から月一回配布されるが、足りないところはボランティア団体が補ってくれるという。

もうすぐ来る冬への備えは大丈夫だろうか。ニーナさんは「食べ物なら用意してあります」と部屋の片隅に私を案内した。そこには、キューリやスモモのピクルス、ジャムなどの保存食が入ったガラス瓶が並んでいる。「行政の支援もあるから食べるのは何とかなると思うけど、地下はとても寒いので防寒が心配。毛布を政府が配るという話があったけど、まだ届いていません。年寄りばかりで暖房用の薪も十分用意できないので、ボランティアの人たちが頼りです」という。

さびしくないかと聞くと、「私たちにはマリーシュという名のかわいい家族がいるのよ」と一緒に暮らす犬を紹介してくれた。「それに用心棒も」と指さした先には一匹の猫がいた。食料品を狙うネズミを退治する大事な仕事をしてくれるそうだ。二人とも「勝利するまでの辛抱ですよ」と気丈に言うが、戦争が長引いているのが心配だともらした。

戦争被害は自己責任

アウグスチナさんがかつて住んでいたフラットを見に行った。内部が丸見えになるほど大きな穴が外壁にあき、そこから入った砲弾が他の三世帯以上のフラットを破壊していた。

「大砲の弾が直撃したんです。下の階の部屋まで貫通して建物はめちゃめちゃになり住めなくなりました。砲弾が当たったすぐそばの部屋にいた私がなぜ助かったのか不思議議です。神さまが守ってくださったのね」とアウグスチナさん。

彼女は砲撃によって自宅に住めなくなったわけだが、被った損害が補償されることはなかった。実は、戦争は保険の免責事由にあたり、保険会社は保険金の支払い義務を負わないのだ。会社や工場が砲爆撃で破損したり火災で燃えたりした場合も同様で、補償はない。戦争への対応は自己責任が原則なのだ。この取材現場で初めて知った厳しい現実である。

日本では震災のような特別な災害の場合は、政府や自治体が支援に乗り出し、行政が仮設住宅を用意するなどの施策をとるが、ウクライナでは政府の財政基盤が弱いこともあり、公的支援体制がきわめて弱い。

世界の注目はウクライナ難民に寄せられたが、外国に避難できるのは、お金の貯えがある人、他国でも職を得られる技能を持つ人、すでに移住している親戚に頼れる人など社会的に恵まれた人が多い。一方、ここには家が破壊されても故郷にとどまらざるをえない人たちがいる。

命の価値に軽重はないはずだが、戦争という非常時には、「命の格差」もあらわになることを思い知らされた。

コサックの故郷　ザポリージャ

地下に住む人々を取材した私たちは、いったん町の中心部に戻った。ようやく雨が上がり視界が開けると、あの廃墟となった文化センターの前に銅像があるのに気がついた。周辺の建物がロシア軍の砲爆撃で被害を受け、一帯がゴーストタウンになるなか、なんとか破壊を免れたようだ。眼光鋭く遠くを見る男性の像には、小さな国旗と大きなフリャイポレの町旗が添えられ、風に翻っている。

「ネストル・マフノ、わが町が生んだ英雄です」と案内してくれた町の人が誇らしげに言う。

ネストル・マフノは、ザポリージャ州フリャイポレ出身の農民アナキズム運動の指導者で、日本の無政府主義者、大杉栄が息子に「ネストル」と名付けるほど、世界中のアナキストに仰ぎ見られてきた。マフノが生まれたザポリージャという土地、彼が生きたロシア革命前後の大混乱の時代、そしてそこでの彼の事績には、ウクライナという国と国民を理解する重要なカギがある。

現代のウクライナ人の多くは自らをコサックの末裔《まつえい》と呼ぶ。そのウクライナ・コサックの根拠地のあったところが、ここザポリージャである。コサックとは「自由の民」、「属さない者」、「冒険を探す者」あるいは「分捕り品で暮らす人」を意味し、強力な軍事共同体を作っていた。農村部にあって川での漁労や狩猟で生計を立てながら、オスマン帝国など周辺国を頻繁に襲撃し、戦利品を分け合った。コサックを描いた古い絵画では、武器と酒、楽器を手に歌い踊る勇猛で享楽的な姿で登場することが多い。

ウクライナを統治していたポーランドは、一六世紀になると、穀物貿易で利益を得るため、自由民だった農民を農奴化した。農民の中からは、それに反発してコサックに合流する人々が相次いだ。コサックの台頭とともに、ドニプロ川両岸に広がるコサック地帯が「ウクライナ」と呼ばれるようになる。

コサックはドニプロ川下流の各地に「シーチ」という要塞を作り、最大の拠点「ザポロージェ（ザポリージャ）・シーチ」がコサック勢力の中心地となった。ザポロージェ・シーチの政治は平等の原則にしたがい、軍事行動などの重要事項は「ラーダ」と呼ばれる全体会議で決められ、首長（ヘトマン）はラーダ出席の全員により選ばれた。なお、現在のウクライナの議会である最高会議も「ラーダ」と呼ばれ、コサック時代の名称を引き継いでいる。

ネストル・マフノ像

一六四六年、ザポロージェ・コサックのヘトマン、ボフダン・フメリニツキーの蜂起はポーランド軍を打ち負かし、「ヘトマン国家」という独自の軍隊と外交を備えた自治国家を誕生させた。このヘトマン国家は史上最初のウクライナ国家とされ、後世、フメリニツキーはウクライナ再生を象徴する英雄と称えられる。

どの国にも歴史的シンボルがある。日本ならその一つが「侍」だろう。新渡戸稲造が日本人を海外に紹介しようと書いたのが『Bushido（武士道）』であり、サッカー男子日本代表「サムライブルー」、野球男子日本代表「侍ジャパン」の愛称にもそれは示されている。

日本人すべてが武士の末裔でないのと同じく、ウクライナ人が全員コサックだったわけではないが、コサックは民族のシンボルとして好まれている。現在の国歌「ウクライナいまだ死なず」では、ウクライナ人がコサックの末裔だと高らかに歌われている。

5フリヴニャ紙幣に描かれたフメリニツキー

ウクライナの栄光も自由もいまだ死なず
若き兄弟たちよ　運命は我らに微笑むだろう
我らの敵は太陽の下の露のごとく亡びるだろう
兄弟たちよ、我らは我らの地を治めよう
我らは自由のために魂と身体を捧げ、示そう
兄弟たちよ、我らがコサックの一族であることを

コサックの一族として、自由のために敵を打ち負かし、この地を治めていこうと、まるで今ウクライナが置かれた状況を予言するかのような歌詞である。

一六六七年、ロシアとポーランドがウクライナの地を分割することで合意した後、ヘトマン国家の自律性は切り崩された。一八世紀末にポーランドが滅亡すると、第一次世界大戦までの約一二〇年の間、ウクライナは約八割がロシア帝国に、残りの約二割がオーストリア帝国に支配されることになる。ロシア帝国では、ウクライナは大ロシア（ロシア）、白ロシア（ベラルーシ）と並んで「小ロシア」と呼ばれ、民族の独自性は否定された。

ウクライナ・コサックの時代は終わりを告げたが、コサックは独自のコミュニティを形成し、アイデンティティといえるものを抱き始め、それを政治的要求に結び付けてポーランドやロシアと戦った。この民族共同体的アイデンティティは、次の時代のこの地の人々に受け継がれていった。

第一次大戦後の激動で訪れた独立のチャンス

近代になって、ウクライナは二度にわたりロシアとの独立戦争を戦った。

まず独立のチャンスが巡ってきたのは、第一次大戦とロシア革命による東欧の地殻変動だった。ロシアでは帝政が倒れ、ソ連が誕生。民族自決の原則により、旧ロシア帝国の支配下にあったバルト三国、フィンランドが、またオーストリア・ハンガリー帝国下のポーランド、チェコスロバキア、ハンガリーが独立を果し、ロシアと欧州の地図が大きく塗り替えられた。しかし、もっとも激しい独立運動を展開し、長い戦いで大きな犠牲を払ったにもかかわらず、ウクライナだけは独立の夢をかなえることができなかった。

次の独立を目指す戦いは、第二次大戦と独ソ戦争で火がついた。ウクライナは激戦地となり戦争による犠牲者は約八〇〇万人に上った。この激動のなか、ドイツと連携してソ連と戦い、独立国家建設に動いたのが、一九二九年に設立された「ウクライナ民族主義者組織（ＯＵＮ）」だった。一時は有利な戦況となり四一年六月三〇日にOUNがリヴィウで独立宣言を発すると、ドイツは一転これを弾圧。独立を目指す民族主義者たちは地下にもぐり、一九六〇年代初頭までソ連に対するゲリラ戦を執拗に続けた。

こうして二度の独立戦争は大きな犠牲を払いながら挫折した。ただ、ごく短期間ではあったものの、まぎれもなくウクライナの独立国家が樹立されたときがある。

一九一七年の二月革命で帝政ロシアが崩壊すると、ウクライナの社会民主主義者や自由主義者がウクライナの自治を目指して「ウクライナ中央ラーダ」を結成。その後の十月革命のボリシェビキによる暴力的な権力奪取を中央ラーダは認めず、一一月、ウクライナ民衆の圧倒的支持を背景に「ウクライナ国民共和国」の創設を宣言、英仏も国家承認し代表をキーウに送った。しかし、ボリシェビキ政権はこれを潰そうと軍隊を派遣する。独立をめぐる壮絶な戦いは、ここから二一年末まで四年にわたって続くことになる。

「中央ラーダ」は一八年一月、国民共和国の完全独立を宣言、「ウクライナ」の国名を冠する初めての近代国家が誕生した。一八年二月、中央ラーダはボリシェビキ・ロシアとは別に独自に独墺とブレスト・リトフスク条約を結んで講和に踏み切り、連合してボリシェビキ軍と戦うことに合意した。この時期、外交上も独墺をはじめ世界の主要国が中央ラーダのウクライナ国家を承認していたのである。

ウクライナの地では、中央ラーダ軍、ボリシェビキの赤軍、反革命の白軍のほか、中央ラーダと結んだ独墺軍、白軍を助けるため介入したフランス軍、中央ラーダの残党と組んでソビエト・ポーランド戦争を始めたポーランド軍、南西から進軍したルーマニア軍と、さまざまな勢力が入り乱れ、近代ヨーロッパ史に例を見ない無秩序な内乱状態に陥った。結果はボリシェビキ軍の勝利に終わり、独立ウクライナ国家は息の根を止められた。

マフノのコミューンの実験と農民気質

内戦ではパルチザンが大きな存在感を示した。その代表格がネストル・マフノの黒軍＝「ウクライナ革命反乱軍」である。ウクライナにはコサックはじめ古くから農民反乱の伝統があり、ロシア帝国の統治下でも幾度となく農奴一揆がおきていた。多くの農民が、自分たちに自由な土地の使用を認めるネストル・マフノの武装蜂起軍に加わった。マフノは当初は十月革命の理念に共鳴、ボリシェビキと連帯して戦い、白軍に決定的な打撃を与えた。しかし、ボリシェビキの独裁色があらわになると叛旗《はんき》を翻した。赤でも白でもない緑の旗を掲げ、最盛期の一九一九年夏には二五万人近くの兵力を有していたと言われ、ウクライナ南東部の大半を席巻、アナキズムにもとづく自由なコミューンを三年近く運営した。マフノの広域コミューンは、コサックの反中央、自主独立の気風を受け継ぐ壮大な社会実験だったが、二一年までには赤軍によって壊滅させられてしまう。

コサックの運動に見られる自由な農民気質は、ウクライナ人の民族性を形作る一要素になったといわれ、一九世紀のロシア史家コストマーロフは、ウクライナ人の民族的特質をロシア人と比べてこう記している。

「ウクライナ人は自由、自治、民主主義、個人主義的特徴を持っており、ロシア人はこれに対して規律、組織、政府、集団的特徴を持っている。ウクライナ人は自由を好み、自由を求める魂に満ちているがロシア人は本来独裁を好み、国家をつくる能力に恵まれている[※2]」

民族性の安易な決めつけには注意すべきだが、この指摘は二つの民族の特徴の一面をとらえているように思われる。ウクライナ在住の日本人ジャーナリスト、平野高志氏は歴史を振り返りながら、ロシアと比べたウクライナ社会の特徴を以下のように指摘する。

「民族の王や貴族といった世襲の特権階級を持たず、能力があればグループの一員になれ、重要な決定は皆で話し合って決める、というのがコサック社会の伝統であった。そのためか、現代社会でも、ウクライナ人は国の権力者に対していつでも強い不信感を抱く。ウクライナでは、大統領のような権力を持つ者は、国民から常に厳しい批判を浴びせられ、政治家が高い支持を維持できることは稀である。これは、隣国ロシアとは決定的に違う特徴である。ロシアはツァーリ（皇帝）を抱いた経験があり、今日も何でも力強く解決する救世主を待望する傾向があると言われるが、ウクライナでは、市民社会が権力を批判し慣れており、問題解決のためには、むしろ施政者のお尻を叩きながら自ら政治を突き動かすような伝統がある。二〇一三～一四年のマイダン革命も、その流れで考えると理解しやすい。ウクライナ人は、その点でまさに『属さない民』なのである[※3]」

ボリシェビキ政権による強引な農業集団化がはじまると、自由な個人農として自分の土地と家畜の所有を望むウクライナ人はこれに激しく反対し抵抗した。ソ連政府は農民の抵抗を暴力で抑えて強制的な穀物徴発を行ない、一九三三年には三〇〇万人から五〇〇万人が死亡する大惨事「ホロドモール」（飢餓による殺人）が起きる。いまだに犠牲者の数さえ確定できないほどの現代史上稀に見る飢餓である。家畜、備蓄食糧、植え付け用の種、家畜の飼料までが政府による徴発で奪い去られ、餓死が相次ぎ、人々は食人にまで追い詰められた。

ウクライナは欧州有数の穀倉地帯だが、ソ連時代には内戦期の一九二一〜二二年、第二次大戦後の一九四六〜四七年にも穀物調達の強行で大規模な飢饉が発生した。しかし、一九三二〜三三年の飢饉はその規模においても徴発の苛烈さにおいても未曽有のものだった。五カ年計画で設定した急テンポの工業化の資金を捻出するため、政府は窮乏した農民から乾いた雑巾を絞るように農作物を取り上げ、それを外貨獲得のために輸出に回した。スターリンの国策によって引き起こされた飢餓だった。ヒトラーのユダヤ人絶滅策をホロコーストと呼ぶのに対して、このウクライナなどの農村で人為的に作り出された飢餓を「ホロドモール」といい、ウクライナではジェノサイドとみなされている。ホロドモールは、ホロコーストなどと並んで二〇世紀における最大の悲劇の一つとされる。

さらに集団化に抵抗した農民たちはシベリアや極東に強制移送されたほか、三〇年代の反「ブルジョア民主主義」運動によって作家や詩人を含むウクライナの知識人が集中的に抹殺されている。

ロシアは今回の軍事侵攻で、穀物、野菜、冷凍肉など各種の食糧貯蔵施設を爆撃し、占領地から組織的に大量の農作物を奪い去っているが、これらはウクライナ人にホロドモールを想起させ、民族的な怒りを増幅させていた。

暮らしを支える支援シェルター

激しい砲爆撃にさらされながら故郷フリャイポレに居残るのは、経済的な理由だけからではない。家族同然のペットと別れたくないという人もいれば、身体が不自由な家族の面倒をみなくてはならないという人もいる。事情はさまざまだが、一八〇〇人もの人々が暮らしているからには住民サービスが必要だ。

町に残った住民に便宜をはかる生活支援シェルターを訪ねた。昨年五月に民間ボランティア団体が、建物の地下のスペースにオープンした施設である。ここには町で唯一の自家発電施設があり、熱いお湯の出るシャワーを使うことができる。きれいなトイレ、ランドリー、理容コーナーなどを備え、高速のインターネットサービスも提供する。一番奥には、飲料水、食糧、果物、お菓子や日用品を無料で提供するコーナーがある。避難所を兼ねた暮らしの支援センターであり、住民の命綱となっている。

週二回はここに来るという七〇代の夫妻がいた。一戸建てに住んでいたのだが、近くに住む親戚を砲撃で亡くし、さらに友人が怪我をしたので怖くなり、地下で暮らすようになったという。

「私たちの家は小さすぎるので、近所の大きな家の地下室で五人一緒に暮らしています。電気も水もなく暗い地下で暮らすのは大変ですが、慣れ親しんだ故郷なので動きたくありません。早くロシアに勝利す

地下の生活支援シェルター

生活支援シェルターのスタッフと支援物資コーナー。食料品や日用品を無料で配布している

るよう祈っています」

コーヒーを手に大型テレビでドラマを見たり、スマホを充電しながら顔見知りと歓談する姿もあり、長引く戦時生活の気分転換と憩いの場にもなっているようだ。一日平均およそ一〇〇人がこの支援シェルターにやってくるという。

人道支援センターがロシア軍の標的に

ウクライナは戦時下だが、撮影を禁止されることはほとんどなかった。ところがこのフリャイポレでは、撮影中ひんぱんに注意をうけた。とりわけ集合住宅の地下への入り口、生活支援シェルターの入り口とその周辺の風景については撮影しないよう厳しく言い渡された。

「あなた方を疑うわけではないのですが、万が一、映像がロシア側に見られれば、地下への入り口の場所が特定され、ピンポイント攻撃で皆殺しにされてしまいます」と支援シェルターのスタッフが言う。

あとで知ったのだが、私たちが取材していた二三年一〇月までに、ザポリージャ州内に設立された生活支援シェルターの四四％がロシア軍の攻撃で機能不全にされていた。支援シェルターはロシア軍の主要な攻撃目標の一つなのだ。だから支援シェルターの運営スタッフも住民もその場所や具体的な活動に関する情報を部外者には極力伏せているという。私たちの撮影が警戒されるのは当然だった。

ミサイルで破壊されたオリヒウの生活支援センター

私たちは翌日、同じザポリージャ州のオリヒウという町を訪れ、以前生活支援シェルターとして使われた建物が完全に崩壊してガレキと化した現場を見た。そこはもと学校の校舎で、住民のための人道支援のシェルターとして機能していた。昨年の七月九日は日曜日で、食糧や生活必需品などを受け取ろうと住民が集まっていたところにロシア軍の誘導ミサイルが直撃し、約二〇人が死傷したという。住民のあいだでは、「内通者」が支援センターの情報をロシア軍に教えたことがこの攻撃につながったと噂されている。

前線近くの町では、住民に撮影を断られることが何度かあった。「取材されると、ロシア軍に攻撃されるから」だという。ウクライナのテレビ局も、ロシア軍の攻撃を誘発するとして取材を忌避されることがしばしばあると聞く。

ロシアは、軍事施設のみを攻撃し、民間には危害が及ばないようにしていると公言している。しかし、実際には病院、消防署、学校、幼稚園、ショッピングセンターや集合住宅などが破壊され、さらには住民が戦火を避けながら生活支援を受ける場所までをもピンポイントで攻撃している。ロシアは生活基盤を破壊し、その地域に住めないようにして、住民に絶望感と恐怖を与えることを狙っているとウクライナの人々は言う。

住民たちは、民間人に牙をむくロシア軍に対し「人でなし」と吐き捨てるように言い、強い憎しみをあらわにしていた。

※1　Colin Freema, "Bomb-ravaged town turns to memory of Ukrainian anarchist for inspiration" The Telegraph, October 4, 2023.（https://www.telegraph.co.uk/world-news/2023/10/04/huliaipole-nestor-makhno-ukrainian-anarchist-russia-war/）

※2　中井和夫『ウクライナ・ナショナリズム』（東京大学出版会、一九九八）一六一頁。

※3　平野高志『ウクライナ・ファンブック』（パブリブ、二〇二〇）一四〇頁。

第7章　市民ボランティア　前線からのリポート⑤

兵士への炊き出し活動

東部ドネツク州の前線へと続く道を走っていると、路肩にテントが並んでいるのが見えた。そこに兵士がたくさん集まっている。

前線で戦う兵士に暖かい料理を腹いっぱい食べてもらおうと、あるキリスト教団体が行っている炊き出しだった。大きな鍋がいくつも火にかけられ、ぐつぐつと湯気を立てている。給食係が「味見してみて」と私たちに差し出したのはピラフだった。肉がたくさん入り、アツアツでとてもおいしかった。

食事以外にも、お菓子や缶詰、雑貨や衣類などが並べられ、兵士が自由に持っていくことができる。主催者によると、欧米に住むウクライナ人た

ボランティアが兵士に食事を提供

東部戦線の前線で戦う兵士。兵器、弾薬が足りないが、苦しくとも戦いをやめるわけにはいかないと語る（ドネツク州）

ちからの寄付で運営し、月に一度、毎回およそ一〇〇〇人の兵士にサービスを提供しているという。

食後、デザートとコーヒーを楽しみながら仲間とくつろいでいる年輩の兵士に話しかけた。五三歳で、志願して軍に入り前線で戦っている。上の息子は、ロシアの全面侵攻を受けて軍に入隊したが、体を壊して除隊。下の息子はまだ学生だという。「奥さんは心配してないですか？」と聞くと、「そりゃあ心配だろうね。でも自分たちの国が危ないんだから戦わなくちゃ」と笑いながら答える。コーヒーを飲み終えると、彼はテントで提供している毛布と寝袋を選んでもっていった。前線では必要なものが十分に配給されず、こうした民間からの支援はありがたいという。

前線に向かう二〇歳のボランティア

前線に近い町や村でもっとも頼りにされているのは、行政組織ではなく市民ボランティアだった。

私たちはマックスというニックネームの二〇歳の市民ボランティアにめぐりあい、彼の支援活動をまる一日取材する機会にめぐまれた。この日マックスは、手伝いの友人と二人で前線近くの農村に行き、住民に食料品を配給するという。そこは最前線からわずか三・五キロメートルで、前章のフリャイポレよりもさらに戦闘地域に近く、ふだんはジャーナリストも入れない場所だ。前線に向かう道路上のチェックポイント（検問所）で止められるかと心配したが、マックスの車の後について行き「ボランティアの住民支援活動に同行する」と申告すると通行が許された。軍はボランティアを特別扱いしているようだ。

最後の検問を過ぎてしばらく進むと、道路の両側にドクロマークの看板が見えてきた。地雷原である。大型の地雷の頭部が地面にむき出しになっている。ロシア軍の進軍を止めるためにウクライナ側が設置した対戦車地雷だという。今すぐロシアの地上軍がやってくる状況にはないため、看板を立てて住民に警戒を呼びかけ、草を焼き払って地雷の頭が見えるようにしていた。

途中、道路の真ん中に巨大な穴があいた場所を通りかかった。前月にロシア軍のロケット弾が着弾してできたクレーターだという。道路そばの家は大破していた。砲弾が直撃しなくても、爆風とさく裂した破片の飛散で、周辺の建物は破壊を免れない。道路沿いを見るかぎり、全く被害を受けていない住宅は少ない。私たちは車を道の端に寄せてクレーターをよけ先へと進んだ。

広々とした原っぱに続く道は、行き交う車がない。敵に見張られていてよく攻撃されるところだそうで、マックスたちの車につづいて私たちも猛スピードで走り抜ける。しばらくして小さな集落が見えてきた。一軒の農家のそばにマックスの車が停車すると、入り口の柵を開けて一人の女性が出てきた。ヴァレンチーナさんという元教師で、家畜を飼いながら夫と年金で暮らしている。

道路にあいた大きなクレーター。ロケット弾の着弾跡だという

前線の村で食糧を配るマックス（中央）と村人たち

マックスが支援の段ボール箱を村人に渡す

「行政がここまで来てくれないので、ボランティアにはほんとうに助かっている」とヴァレンチーナさん。この集落を訪れる人はほとんどいないので、車の音がしたらすぐに支援ボランティアとわかるという。

　マックスと友人が車の荷台から段ボール箱を降ろして道端に積み上げる。箱の中には、シリアル（オートミール）、魚肉の缶詰、食用油など食料品の詰め合わせが入っている。住民が次々に集まってきて、感謝の言葉とともに段ボール箱を受け取っていく。足腰が弱って重いものが持てない住民には、家まで配達していた。この配給作業の間にもドーン、ドーンと砲弾の着弾音が聞こえてくる。

　マックスは行政の手が届きにくい住民を支援するため、週二回から三回のペースで前線近くの集落を回っている。

砲声がとどろく中の住民支援活動

村の周辺で食料品の配布を終えると、マックスはさらに先の集落に進んで、居残っている住民を探すという。そこは最前線の戦闘部隊からわずか一五〇〇メートルしか離れていないと聞き、私たち取材チームはマックスに付いて行くのを断念し、待つことにした。取材するにはあまりに危険すぎる。私たちが待機している集落も決して安全ではない。ウクライナ軍の砲兵部隊がこの集落からロシア軍の陣地に向けてさかんに火砲を撃っている。砲撃の振動で体がびくっと震えるほどだから、すぐ近くで撃っているのだろう。ロシア軍から報復の砲撃が来るのではないかと気が気でない。

待つこと三〇分、無事に戻ってきたマックスを見てほっとした。それにしても遊び盛りと言ってもよい年頃の若者が、この危険きわまりない活動を続けていることに驚く。なぜこんな活動をやっているのか。

「だって、ここは私の国です。私の家族や同胞、この国の未来のために、自由を失うわけにはいきません。心の底から、ウクライナのために何かしなくては、という思いが湧き上がって来るのです」とマックスはたんたんと言う。

彼が住むのはウクライナ東部のドニプロで、キーウ、ハルキウ、オデーサに次ぐウクライナ第四の都市だ。ロシアが侵攻してきたとき、マックスは大学でＩＴを学ぶ学生だった。ロシアの侵攻開始二日後、父親とともに支援活動を開始。戦火を逃れてドネツク州やザポリージャ州からドニプロに避難してきた人々

マックス、母親と（ドニプロ市）

に、寝る場所をあっせんし食糧を提供した。父親が仕事に戻ることになり、マックスは一人で何ができるだろうかと考えた。映画でしか戦争を知らない都会っ子の彼は、銃を扱うこともできない。兵士となって戦うよりも、銃後《じゅうご》での支援活動でロシアに対する戦いに貢献しようと決意。大学をいったん休学し、一人でNGOを立ち上げたという。

マックスの活動ぶりを見てどんな人物なのか興味がわいた。後日ドニプロを訪ねて彼の家族や友人にも会い話を聞いた。同居する母親によれば、マックスはそれまで政治や社会活動に特別な関心をもっていたわけではなく、ボランティア活動に邁進し始めたのは意外だったという。

「やっていることがあまりに危険だと知り、はじめは反対しました。でも、信念をもって人助けを続ける姿を見るうち、息子に誇りを持つようになりました。今は彼の無事を祈りながら、応援しています」（母親）

夕方、マックスが「きょうはデートなんです」と嬉しそうに言う。「邪魔はしないから」とついて行くと、ドニプロの繁華街で待ち合わせた小柄なかわいい恋人を紹介してくれた。いつも、彼女が働くネイルサロンが退けるのを待って落ち合うのだという。「週に三回は会って夕食を一緒にしています」とマックス。恋人の肩を抱いて夕暮の街を歩いていく後ろ姿は、どこにでもいる普通の若者だった。

マックスは活動資金をカンパに頼っている。ＩＴ先進国ウクライナの若者らしく、前線近くでの食糧配布活動などをＳＮＳのインスタグラムと動画サービスティックトックで発信し、オンラインで寄付を募っている。それぞれ二〇〇〇人と二万人が彼の発信を見ているという。彼の献身的な活動を知り共感した人たちが、国内だけでなく外国からも支援金や物資を送ってくる。ただ、戦争の長期化とウクライナの経済難で、寄付を集めるのが次第に難しくなっているそうだ。

戦争で人助け活動が活発化

ＴｉｋＴｏｋのマックス

ウクライナを取材して驚いたことの一つに、ボランティア活動の活発さがある。私が今回ウクライナで話を聞いた人の中で、ボランティア活動をしたことのない人はほぼ皆無だった。活動内容は、戦争孤児への支援や避難者用の仮設住宅の建設から前線の兵士への慰問《いもん》まで多様で、私たちにスマートフォンの写真や動画を見せながら、自分のボランティア活動がこの国の闘いにどう貢献しているのかを語ってくれた。

ボランティアが活動する現場も驚くほど多様だ。たとえば

表1　「世界人助け指数」ランキング上位グループ

順位	国名	人助け指数	見知らぬ人を助けた※	寄附をした※	ボランティアをした※
1	インドネシア	68	61%	82%	61%
2	ウクライナ	62	78%	70%	37%
3	ケニア	60	76%	53%	51%
4	リベリア	58	80%	30%	65%
5	アメリカ	58	76%	61%	38%

※過去１カ月間

出典：Charities Aid Foundation, “World Giving Index 2023” をもとに作成
(https://www.cafonline.org/insights/research/world-giving-index)

ロシア軍の空襲のあと、破壊された設備を片付けたり、家屋のがれきをより分け不発弾を見つけたら軍に通報するといった仕事の多くもボランティアが担っている。

民間の寄付もまた戦時下のウクライナ社会を支えている。著名人が軍のために、あるいは避難民や負傷者への人道支援のためにフェイスブックなどのＳＮＳで募金を呼びかけることもよく見られる。とくに文化人、なかでも音楽家、舞台俳優、ロック歌手などが募金を多く集めるという。

英国の慈善団体Charities Aid Foundationが公表する「世界人助け指数」（World Giving Index）では、過去一カ月に、①見知らぬ人を助けたか、②慈善活動に寄付をしたか、③ボランティア活動をしたかの三項目の質問への回答をランク付けしている。国別にどれだけ人助けに熱心かを比べる調査である。

二〇二三年版では調査した一四二の国・地域のうちウクライナは総合順位で世界二位だった。この調査はロシアが全面侵攻した二二年の秋に行われており、その前年の調査が反映された二二年度版ではウクライナは一〇位。さらにさかのぼって一四年度版では、調査対象一三

五カ国中一〇三位と、かつては助け合い精神のとても希薄な社会だったことがわかる。マイダン革命以降、クリミア「併合」とドンバス戦争を経てウクライナがロシアへの抵抗を強めるなか、国民同士の連帯感が急激に高まり、互助活動が社会に浸透してきたことを示している。ウクライナの人々に聞くと、ロシアの全面侵攻以降はさらにいっそう、同胞を助け合う気運が社会全体に広がってきたという。二三年度版の解説では、「もっとも順位を上げた国」としてウクライナが挙げられている。ちなみに総合順位一位はインドネシア。日本の順位については「おわりに」で紹介しよう。

塹壕の兵士にスナックを届ける

ドニプロ市にマックスのNGOを訪ねた。小さな市民団体がシェアスペースとして使う倉庫の一室が彼の事務所になっている。事務所の棚には、食料品、医薬品、避難民用の使い捨て枕、カイロなどの救援品がところ狭しと置かれている。一時間前に届いたばかりという段ボール箱には厚手の毛糸の靴下が四〇足入っていた。スウェーデンの支援者が冬を迎える兵士のために手編みしたという。

意外だったのは、大量の医薬品、注射器など軍の部隊向けの支援品が多いこと。「これは多くの部隊が必要としているもので一つ二五ドルもします」とマックスが見せてくれたのは止血帯だった。彼は住民だけでなく、前線の軍部隊にも物資を届けていたのである。二日前には、「ウクライナでもっとも残忍な戦闘地区」と言われた激戦地、ドネツク州バフムトの近郊に、軍部隊から頼まれた車のタイヤ四台分一六本を届けたそうだ。そのとき、マックスたちの後ろ三〇メートルのところに迫撃砲弾が着弾して危うく負傷するところだったという。

このＮＧＯには常時事務所に詰めているスタッフが二人、他に随時手伝ってくれるボランティアが二〇人いる。私が訪ねたとき、事務所ではナッツやドライフルーツ、キャンディなどを袋に小分けにして詰める作業をしていた。前線で戦う兵士のためのスナック袋を作っているという。

どうやって兵士に届けるのかと尋ねると、返ってきた答えは思いもよらないものだった。

「スナックをドローンに吊って飛ばし、前線の塹壕の上から投下します」

オフィスでスナックを袋づめするスタッフ

ドローンで最前線の塹壕に届ける予定のスナック袋

市民ボランティアが、なぜそこまでして軍隊を支援しなければならないのか。マックスの答えは私をさらに驚かせた。

「その理由は一言、汚職ですよ」。苦笑しながら彼はこう言ったのである。「軍需品や装備などが途中で消えて、前線の兵士に届かないことがあるのです」と。

汚職への高い関心と政府への不信

このＮＧＯのスタッフの女性は、二〇一四年のドネツク戦争のときに弟が軍に志願したことがきっかけで前線の状況に関心を持った。軍から支給される服やブーツはじめ装備の品質が粗悪なうえ量も足りず、兵士たちが友人や家族に支援を求めていることを知って、兵士を支援するボランティア活動を始めたという。当時、国家予算の三〇％が汚職で消えると噂されいていた。

私自身も前線の軍部隊の兵士から、武器弾薬のほかにも必要な物資が不足していることを聞いていた。防弾チョッキや軍服を自前で調達する兵士もいた。前線の物資不足は、ウクライナ政府の財政がひっ迫している事情もあるのだろうが、国民の多くは、その大きな原因が汚職にあると信じている。

今年に入って一月二七日、ウクライナ保安庁（ＳＢＵ）は、軍の弾薬に関する約六〇億円規模の汚職事件を捜査していると発表した。迫撃砲の砲弾一〇万発を発注し、代金が国庫から武器業者に前払いされたものの砲弾が納入されなかったという、巨額の武器の架空発注である。これは国防費の横領にあたり、国防省の元職と現職の幹部計五人と企業の幹部が捜査対象になっている。

汚職はウクライナにとってソ連時代の国家体質の宿痾《しゅくあ》ともいうべき根深い問題である。二〇一四年の「マイダン革命」で民衆に倒された親ロ派のヤヌコーヴィチ政権の汚職は歴代最悪といわれ、当時の抗議運動の主なスローガンの一つが汚職撲滅だった。マイダン革命から間もない二〇一四年四月、ウクライナの検事総長は、失脚した前大統領のヤヌコーヴィチは犯罪組織のトップでもあり、国家財政に一〇〇〇億ドル（約一五兆円）規模の損害を与えていた可能性があると述べ、翌一五年一月一二日、国際刑事警察機構（ＩＣＰＯ）は彼を公金横領などの容疑で国際手配している。

汚職は、ウクライナ国民がＥＵ加盟を支持する理由にも関わっている。国民の四分の三近くが、「ＥＵは汚職撲滅の決め手になる」ことを「強く」（二六％）または「どちらかというと」（四六％）確信している。[※1]

ゼレンスキーは、汚職撲滅を主要公約に掲げて一九年四月に大統領に当選し、国の最大の課題は、ロシアとの戦いと並んで汚職撲滅だと訴えている。大規模な汚職摘発が繰り返し行われ、昨年八月には、わいろを受け取って徴兵逃れの便宜を図る汚職が横行していたため全国の徴兵担当を解任。さらに九月にはレズニコウ国防大臣が更迭された。軍の食糧調達の入札をめぐる汚職疑惑をネットメディアで報じられ、国防次官ら二人が逮捕されたことの責任を取らされたとみられる。この汚職の結果、政府が支払った金額に見合わない酷い品質の食品が兵士に届けられたという。

国軍内の汚職は単なる国内政治問題ではなく、軍の戦闘力を削ぐ安全保障上のリスクでもある。汚職撲滅が重視されるゆえんである。

公共部門の汚職を調査する非政府組織（ＮＧＯ）、「トランスペアレンシー・インターナショナル」は、各国の公的機関がどれほど腐敗しているかを示す「腐敗指数ランキング（Corruption Perceptions Index）」を毎年発表している。腐敗の度合いを公共セクター、行政、体制（政治家）、司法の四領域で調査し総合点をつけるのだが、一月三〇日に発表された二〇二三年度版では、汚職が全くない状態を一〇〇点満点としてウクライナは三六点とかなり低く、一八〇カ国中クリーン度で一〇四位とかなり下位にある。※2

しかし、汚職との闘いは確実に成果を上げており、一〇年前の一四年に一〇〇点満点で二六点、一四二位（一七五カ国中）だったところから昨年の三六点、一〇四位（一八〇カ国中）へと目に見えて改善し、順位を上げている。ただし、現状はまだまだ不十分だと国民は見ているようだ。

汚職の責任は大統領にある

ウクライナの調査会社「キーウ国際社会学研究所」が昨年一〇月三一日に発表した世論調査がある。調査は、ちょうど私たちのウクライナ取材中に行われていた。

ゼレンスキー大統領を信頼していると回答した人は七六％で五月の九一％から下落。政府への信頼度は三九％で、同じく七四％から大幅に低下。戦況が厳しくなっているだけでなく、相次ぐ汚職問題の発覚、摘発なども影響していると見られている。

また、ほぼ同時期（九月下旬から一〇月中旬）に行った世論調査で、ロシアとの戦い以外で何が問題か尋ねたところ「汚職」を挙げた人が六三％と最も多くなっている。さらに、別のシンクタンクが七月から八月にかけて行った世論調査では、回答した人の七八％が「戦時下の政権や軍部の汚職の直接的な責任は大統領にある」と回答した。

ウクライナ人の政府と大統領に向ける目は非常に厳しく、私が取材した実感でも、ゼレンスキー大統領の人気は決して高くない。市民や兵士へのインタビューで大統領が讃えられたことは一度もなく、むしろ政府の不手際を批判する声を多く聞いた。ウクライナには権力者への個人崇拝は見られず、街中でゼレンスキー大統領の肖像を見ることもなかった。戦時下にもかかわらず、社会には健全な市民社会の雰囲気が感じられる。

汚職は今後の外国からの支援にも大きく影響する。ウクライナへの援助物資が途中で消えてしまっては、支援国の意欲をそいでしまうのは当然だ。最大支援国、アメリカでは、ウクライナに供与した兵器や支援物資の不正流用がないよう監視を求める声が高まり、昨年九月二五日には、アメリカがウクライナへの支援を継続する条件として改革すべきリストをウクライナに突きつけた。優先課題として挙げたのは、汚職取り締まり機関の強化。国防省に対しては、調達に関する透明性の確保だった。汚職との闘いは、ロシアとの戦争を継続していく上でも喫緊の課題といえよう。

また、ウクライナは欧州連合（ＥＵ）加盟を目指しているが、汚職の蔓延はＥＵに加盟できない理由でもある。二二年六月にウクライナがＥＵ加盟候補国となった際、欧州委員会がウクライナ政府に履行を求めた七項目の勧告の中には、「特にハイレベルの汚職に対する戦いをさらに強化する」ことが記されていた。

「政府をあてにせずに戦う」市民たち

マックスは自分の活動を「国のために」やっているという。

「私がこの活動をしているのは、わが国がそれを求めているから。そしてわが国の人々が、わが国土が求めているから。私以外に誰がやるんだ、という気持ちです」

これを聞いて、マックスはちょっと気負って無理しているのではと思った私は、少し意地悪に、「なぜ、まだ大学生で若いあなたが支援活動をやらなくてはいけないのか？なぜ他の人ではだめなのか？」と突っ込んでみた。すると彼は、自分に言い聞かせるように、ゆっくりと答えた。

「誰が始めるかは大事なことではありません。私はとにかくやりたかった。国が求めているだけではなくて、私自身がやりたいからやっているのです。私たちは政府も大統領もあてにしていません。だから兵士に直接、必要なものを届けているんです」

政府も大統領もあてにしていない…この言葉に私は虚を突かれた。

マックスは、政府や大統領に命じられて戦っているのではないのだ。マックスに限らず、ウクライナの市民は、一人ひとりが自らの意思でロシアに抵抗し続けている。

ここが、戦争とは〝お上〟に強制され、命じられるままにやらされるものだと思っている、日本に住む私たちの意識と大きく異なる点である。

ロマン・ラトゥシュニー氏

反体制派の愛国者　ロマン・ラトゥシュニー

ロシアの全面侵攻から約四カ月後の二〇二二年六月一八日、首都キーウの独立広場で、東部イジューム近郊の戦闘で亡くなった兵士の葬儀が行われ、大勢の市民がその死を悼んだ。

兵士の名はロマン・ラトゥシュニー。一六歳の若さながら、二〇一四年のマイダン革命の先頭に立ち、革命後もひたすら社会の不正に立ち向かった社会活動家として知られる。政権や財閥の腐敗を容赦なく追及し、二〇二一年の三月には大統領府への激しい抗議行動で自宅軟禁の処分が出されたほどの「反体制派」だった。ロシアの全面侵攻を知って彼はすぐさま郷土防衛隊[※3]に入隊し、首都に迫るロシア軍との戦闘に従事、その後、激戦地を転戦して東部戦線のイジュームの最前線で戦死した。二四歳だった。

「反体制派」とみなされる人物がためらいなく「国を守る」ために戦う。人々は彼こそが真の愛国者だと讃え、その死を悼んだ。

国民総抵抗運動としてのウクライナ戦争

第二次政界大戦において欧州にはそれぞれの政府の立場とは別に、民衆による「レジスタンス」と呼ばれる抵抗運動があった。フランスは一九四〇年にドイツに占領され、ナチスドイツの傀儡であるヴィシー政権が成立した。しかし、国民の中からドイツの占領に対するレジスタンスが起こって民衆が自律的にナチスと戦い続けた。

政府をあてにせずにウクライナの一市民としてロシアと戦うマックスたちの姿が、欧州のレジスタンス運動に重なる。ウクライナの祖国防衛戦争は、全住民あげての抵抗運動＝レジスタンスとして展開されているると私は理解した。万が一、ロシアが首都キーウを占拠してウクライナの現政権を倒し、傀儡政権を立てたとしても、民衆の抵抗は止まないだろう。

軍事力、経済力、国際的な政治力において圧倒的な差があるにもかかわらず、ロシアが勝利できずに戦争が長期化しているのは、ウクライナの人々の独立と自由を守ろうとして抵抗する力が非常に大きいことを物語っている。マックスたちの活動を取材して、ウクライナが、世界第二の軍事大国ロシアに屈しないわけが少しづつ見えてきた。

※1　ＥＵのウクライナに関する二〇二〇年の調査報告。アレクサンドラ・グージョン著、鳥取絹子訳『ウクライナ現代史　独立後30年とロシア侵攻』（河出新書、二〇二二）一八四頁。

※2　なお、ロシアは二六点、一四一位と汚職の酷さはウクライナを上回っている。ちなみに日本は七三点、一六位。

※3　郷土防衛隊：もとは二〇一四年一一月、ドンバス戦争の中で創設された一般市民が加入できる義勇兵部隊で、二二年から陸軍に編入され各州に旅団単位で組織されている。

第8章　虐殺の地で考える　前線からのリポート⑥

ウクライナ北東部ハルキウ州からドネツク州にかけてのロシア軍との前線近くには広大な「解放された地域」が広がっている。侵攻してきたロシア軍が一時占拠した後、ウクライナ軍が反撃して奪還した町や村である。

ウクライナ軍が勝利した「東部反攻」

ハルキウ州イジュームは、交通の結節点として戦略的な要衝であり、ロシアによる全面侵攻直後から両軍の激しい争奪戦が展開された。一昨年三月下旬、イジューム地区の主要な地域がロシア軍の支配下に置かれたが、ウクライナ軍が九月に電撃攻勢をかけイジュームを含むハルキウ州のほとんどを一気に奪還した。この時ウクライナ軍は戦史に残るみごとな作戦でロシア軍に勝利している。

八月二九日、ウクライナは南部ヘルソン州で間もなく攻勢をかけると発表、直後、実際に攻撃を開始した。さらにウクライナが南部で反攻作戦をすると広報し続けると、ロシア軍はこれを信じ、精鋭の第一親衛戦車軍をはじめ多くの部隊を移動して南部戦線に配置した。この結果ロシア軍が手薄になった東部に、ウクライナ軍が満を持して襲いかかった。南部を攻撃すると見せかけ、実際は東部を攻略する陽動作戦だったのである。

九月六日、ウクライナ軍がハルキウ州で反攻を開始するとロシア軍は総崩れになり、九月一〇日までにハルキウ州内の二五〇〇平方キロメートルの地域がウクライナに奪還された。これを突破口にウクライナ軍はドネツク州、ルハンスク州へも攻め込んだ。ウクライナの「東部反攻」といわれる大反撃である。九月一四日にはイジューム市庁舎に国旗を掲げる式典にゼレンスキー大統領が出席し、ハリキウ州のほぼ全域を解放したと宣言した。

イジュームの集団墓地

イジュームが解放された数日後、郊外の林の中に集団墓地が見つかった。掘り返して出てきた遺体は五〇〇体近くにのぼった。うち一七体はウクライナ軍の兵士で、その他は六歳の子どもをはじめすべて民間人の犠牲者だった。拷問跡のある遺体も数多くあったとされ、ハルキウ州知事のオレグ・シネグボウは「九九％の遺体に暴力が加えられた痕跡がある」と語る。

集団墓地の撮影に向かったのは小雨の降る遅い午後だった。林の中にいくつも戦車を隠すための塹壕（戦車壕）がある。ここはロシア軍に占拠されていた当時の戦車部隊の駐屯地だったようだ。初老の男性が通りかかったのでユーリーが話しかけた。近くに住むレオニドさんで、ロシアの侵攻後チェコの知り合いのところに避難し、最近イジュームに戻ってきた。町が解放されて一年がたち、電気やガスは復旧したが、冬が近いので停電に備えて薪を拾いに林に来たという。

「やつら（ロシア人）はたくさん殺した。爆撃で死んだ人もいるし、無抵抗なのに虐殺された人もいる」とレオニドさん。レオニドさんの案内で林を進むと、「そこだよ」と指さす先に、林の奥へと並ぶたくさんの穴が見えた。

ロシア軍は遺体を粗末な木の十字架を添えて埋葬した。たくさんの穴は、ウクライナ軍による町の奪還後、遺体を回収するために墓を掘り返したあとだ。ロシア軍の占領期間が比較的長かったせいか、遺体は一体づつ埋葬されていた。一方、ウクライナ兵士一七人の遺体は、大きな一つの穴にまとめて埋められていたという。

現地に立つ掲示板には「二〇二二年四月から八月にかけて、ロシアの占領下に、侵略者によって拷問の末殺されたイジウム住民とウクライナ兵士合わせて四九九体が埋められた場所である」と記してある。

イジュームの集団墓地

遺体を掘り起こしたあと（イジュームの集団墓地）

世界を震撼させたブチャの虐殺

ロシア軍による住民虐殺がより早い段階で判明したのは、全面侵攻後すぐロシア軍が占拠した、首都キーウ郊外の町、ブチャだった。

ロシア軍はキーウに西側から進軍しようと郊外のブチャに攻め込んだ。ブチャはウクライナ軍が反撃して解放するまでの三三日間、ロシア軍に占拠された。四月二日、ロシア軍が撤退したあとウクライナ軍がブチャ中心部の市街地に入ると、子どもを含む数多くの遺体が放置されていた。後ろ手に縛られて後頭部を撃たれた遺体、拷問やレイプ、暴行を受けた跡のある遺体などが次々に見つかり、民間人に対する無差別大量殺人が行われたことを示唆していた。また、半分燃やされた遺体も多く、ロシア兵が自らの犯罪を隠蔽しようとしたとみられる。ゼレンスキー大統領は、四月三日に公開したビデオ演説でロシア軍の蛮行を「ジェノサイド」だと強く非難した。

「ロシア兵のすべての家族に見てもらいたい。平和な都市の普通の市民が、なぜ拷問されて死んだのか。なぜ女性がイヤリングを耳から引きはがされ、絞め殺されたのか。どうしたら娘や息子たちの前で、母親に性的暴行を加え殺害することができるのか。なぜ戦車で生きた人々を潰すことができるのかを」

（ゼレンスキー大統領）

四月五日、ウクライナ検察庁は、キーウ近郊の町で四一〇人の遺体を発見したと発表。見つかった遺体の数はその後も増え、ブチャとその周辺の集落で殺害された市民は計一四〇〇人以上に上るとされる。町のメインストリートの路上に多くの遺体が横たわる凄惨な映像は、世界に大きな衝撃を与えた。

ウクライナ侵攻を続けるロシアの違法行為をめぐって、二〇二二年三月に国連人権理事会が設置した「ウクライナに関する独立調査委員会」は、一年後の昨年三月、民間人に対する無差別攻撃や殺害、性的暴行、子どもの連れ去りなど、ロシア軍による広範囲の戦争犯罪があったとする調査報告書を公表した。その中でブチャを含むキーウ州では一四歳の少年を含む計六八人の処刑を確認したとし、写真や検視記録から「最も多い殺害方法は近距離から頭を撃つことだ」としている。[※2]

また、国連ウクライナ人権監視団（ＨＲＭＭＵ）によればウクライナ政府は、ロシアによる全面侵攻以来今年五月までの間に、一二万八四九八件の戦争関連犯罪（war-related crimes）の証拠を記録したという。うち一万二三五三件は民間人や戦闘能力を失った兵士がロシア軍に不法に殺害された事件だとされている。

後ろ手に縛られて処刑された市民も多かった（ブチャ）[※1]

『戦争語彙集』は、ウクライナの戦争避難者の証言から、戦争の体験が言葉の意味を変えてしまったことを描いた文芸ドキュメントを文学者のロバート・キャンベル氏が翻訳、解説した本だ。[※3]この中に「ナンバープレート」というブチャの虐殺のストーリーがある。車に乗ったままロシア軍に殺され放置された遺体を葬る時、彼らの名前が分からなかったのでナンバープレートがアイデンティティになったという話である。

「ブチャでめちゃくちゃに撃ち抜かれた『自動車の墓場』は誰もが写真で見ていた。けど、オレが見たのはちょっと違う景色。自動車人間の墓地。どういうことかって? こういうことよ。

ロシアのファシストどもに砲撃された車の中から遺体を引っ張り出したとき、身元を特定できないことがたびたびあった。身分証明書を持っていなかったり、原形をとどめないほど焼かれてしまったりしていた。そういうわけで、埋葬した後にせめて誰か分かるようにと、墓標代わりに自動車のナンバープレートを引っかけていったのさ。

ナンバープレート・ピープル。つまり自動車人間ってわけよ」(一八〇~一八一頁)

ロシア兵がブチャで行った蛮行は虐殺だけではなかった。個人宅や商店が手当たり次第に略奪されていたのである。運び出された略奪品は、モスクワ方面へと向かう通過地点のベラルーシ南東部のマーケットで売られ、その種類は「洗濯機や食器洗い機、冷蔵庫、宝石、車、バイク、自転車、カーペット、食器類、美術工芸品、子供用の玩具、化粧品」にまで及んでいたという。[※4]

ウクライナ在住のジャーナリスト、平野高志氏は、X(旧Twitter)にこんな投稿をしている。

「占領後にブチャに戻った方と話す。

『露兵に便器が盗まれるという話は最初は信じていなかった。戦時下は敵を悪者に描くものだから、その手の話だろうと。でも戻ってみたら、確かに近所の人のアパートのビデが盗まれていたり、パンツが盗まれたりしていたんだ。それであれが嘘じゃなかったとわかった。男物のパンツを盗むのはわかるけど、女物のも盗まれていた。誰かにプレゼントでもするつもりだったのかね』」

中国に侵攻した日本軍、ベトナムに攻め入った米軍など、侵略軍においては、兵士が切実な戦う意味を持っていない。侵略軍兵士は、低い士気のもと現地住民を虐待するのが常である。それにしてもこのロシア兵の精神の荒廃ぶりには驚かされる。

「子どもの連れ去り」でプーチンに逮捕状

ロシアが占領した地域で起きた最も大きな問題の一つが「子どもの連れ去り」である。親が亡くなって孤児になったり、ロシア軍に拘束された家族と生き別れになった子ども、寄宿舎に暮らしていた生徒などがロシア側に連れ去られる事例が多発している。また、ヘルソン州のロシア軍占領地では、ロシア側の当局から親に子どもをいわゆる「サマー・キャンプ」（実態は再教育キャンプ）に送って戦火から子どもを離れさせるように奨励または強制されている。そしてそのまま多くの子どもが親元に帰ってきていないという。

ウクライナ政府によれば、連れ去られた子どもは特定されただけで一万九五四六人と二万人近くにおよび、帰国できた子どもはわずか三八八人に過ぎない（今年六月現在）。

ロシアは「強制ではなく戦闘地域の子どもたちを保護しているだけだ」とするが、プーチンは軍事侵攻後の大統領令で、ウクライナ国籍の子どもを養子にする手続きを簡素化しており、占領地の子どもを自国民にする企てだと強く非難されている。国際刑事裁判所（ＩＣＣ）は昨年三月、ウクライナで子どもの連れ去りに関与した疑いでロシアのプーチン大統領ら二人に戦争犯罪容疑で逮捕状を発付している。

ボフダン・イエルモヒンさん（一八）は、両親をともに失い、東部ドネツク州マリウポリの学校の寮で暮らしていた。ロシア軍は侵攻時、マリウポリに殺到して町を包囲し占領した。ボフダンさんたちは「安全のため」と称してロシアに連れ去られ、ロシア人の里親のもとで養子にさせられた。毎日、「ウクライナはネオナチだ」、「ウクライナでは臓器のために子どもが取引されている」などと聞かされ続け、なんとかこの境遇から逃れたいとＳＮＳに自分の動画を投稿したことがきっかけでウクライナへの帰還に結び付いたという。[※5]

これはきわめて幸運なケースだが、ロシアでは一八歳から徴兵対象になり、連れ出された子どもたちが祖国ウクライナとの戦闘に動員される可能性もある。四月、ウクライナ国防省は、ロシア軍がウクライナの東部や南部の占領地域で、地元住民を兵士として動員していると非難した。ウクライナ軍との戦闘に参加させる狙いがあり、ウクライナ側は国際条約違反と指摘している。すでに侵攻から二年以上が過ぎており、子どもたちの一日も早い帰還が実現されなければならない。

虐殺が変えたウクライナ人の対ロシア観

ブチャの虐殺は世界を驚愕させたが、もっとも強い衝撃を受けたのはウクライナの人々だった。ウクライナにはロシアに家族や親戚、友人、知人を持つ人が多く、ロシアとは歴史的にも経済的にも長く太い関係が続いてきた。そのロシアの兵士が、ウクライナ人に対してこれほど酷いことをするとはよもや思っていなかったからである。

ロシア軍による占領の実態が分かってしまった以上、ウクライナ人はもはやロシア軍に降伏することはできない。ロシアに膝を屈し、ロシア軍の支配の下に入ったならば、人権が守られないどころか命さえ保障されないことがはっきりしたからである。ブチャの虐殺事件は、ウクライナの人々に徹底抗戦への強い決意を形成したのである。

ブチャの虐殺はまた、ロシアとロシア人に対するウクライナ人の感情を決定的に変える大きな転機にもなったようだ。私の通訳のユーリーは、ロシアの侵攻が始まった当時、この侵略戦争を起こした責任はプーチン大統領にあり、一般のロシア人に罪はないと考えていた。だが、ブチャの惨劇を知ったあとはロシア人そのものを許せなくなったという。

「あんな残虐なことができるのは、ロシア人が野蛮で、ウクライナ人を人間と思っていないからです。ウクライナ人は二〇〇四年と二〇一四年、革命を二回やって、自分たちが望まない指導者を取り替えた。

ロシア人はプーチンが嫌なら権力から引きずり降ろせばいいのに、のさばらせている。だから一般のロシア人も同罪です」と言う。

厳しい言論封殺のもと、自由に意思表示できない一般のロシア人に対して厳しすぎる意見だと思った。だが、ユーリーの憤怒の表情を目の当りにし、ウクライナ人が受けた衝撃の大きさを想像すると、私は反論する気になれなかった。

ゴルバチョフ元ソ連大統領や、今年二月に刑務所で死亡した反体制政治家ナワリヌイ氏らが、二〇一四年のロシアによるクリミア併合を容認した事実はウクライナで広く知られている。いくら反プーチンの立場で「民主化」を掲げても、ウクライナの主権を無視していると批判されている。こうしてウクライナの人々の憎しみは、プーチン大統領だけでなく、ロシア人一般にも向けられるようになっている。[※6]

ロシア語話者＝親ロシア派＝分離主義者ではない

日本でよく誤解されているのだが、ウクライナでロシア語を母語にしている人が、かならずしも親ロシア感情を持つわけではなく、ましてやロシアとの併合に賛成というわけでは決してない。通訳のユーリーは、ロシア語を母語として育ち、幼い頃から学校でも家庭でもロシア語で生活してきた若者だが、ウクライナへの愛国心は旺盛だ。ゼレンスキー大統領自身、母語はロシア語で、ウクライナ語を本格的に学び始めたのは、二〇一九年に大統領選挙に立候補を表明してからだった。

ウクライナにはロシア語話者が非常に多く、二〇〇一年時点でロシア語を母語とする人は全国で二九・

六％だった。とくにロシアと地続きのドンバス地方では住民の大多数がロシア語を母語とし、ユーリーが生まれ育ったドネツク州では、ロシア語話者が七四・九％を占めた。四人に三人がロシア語で暮らしていたのである。

ウクライナ語はインド＝ヨーロッパ語族の一つで、ロシア語とベラルーシ語とともに東スラブ語のグループに属し、東スラブ民族が分化するとともに独自の言語となってきた。ウクライナ語とロシア語で語彙が似ているものは七〇％。ちなみにフランス語とスペイン語で似ている語彙は七五％であるから、別言語とみなされてよい。

アンドレイ・クルコフ氏は、ウクライナが独立して間もない頃のキーウを舞台にした『ペンギンの憂鬱』（新潮社、二〇〇四）で国際的な名声を得た作家である。一九六一年にソ連のレニングラードで生まれ、三歳のときに両親とともにキーウに移住したロシア人で、もちろん母語はロシア語。二〇二二年までウクライナ・ペン会長をつとめたクルコフ氏が、ロシアの全面侵攻を受けての日々を書いた『侵略日記』（ホーム社、二〇二三）でこう書いている。

「私は民族的にはロシア人で、ずっとキーウで暮らしてきた。私は自分の世界観に、行動や人生に対する態度に、一六世紀、まだウクライナがロシア帝国の一部になっていなかった時代の、ウクライナのコサックの世界観と行動の影響を感じる。当時、ウクライナの人にとって自由は金《きん》より大切だった。あの時代が戻って来て、ウクライナ人にとって自由はまたも金《きん》より大事なものになっている」（一二頁）

ドンバス地方のロシア人の比率は他の地方より高い。ウクライナのロシア人は九一年の独立以降急激に減少し、二〇〇一年の国勢調査によれば、八九年に比べて三〇〇万人以上減っていた。その時でもウクライナ全人口の一七・三%がロシア人だった。ドネツク州では三八・二%、ルハンスク州では三九・〇%をロシア人が占めていた。ロシア人の多くはロシア語もウクライナ語も自由に使え、ウクライナ人との間に大きな断絶はなかった。

一九九一年一二月のソ連からの「独立を問う住民投票」では、ウクライナ全土で九〇%超が賛成、ドンバスでも八七%が賛成票を投じている。ロシア人であってもロシア語が母語であっても、ウクライナの独立を求めていたのである。

マイダン革命の前後の時期には、ドンバス地方にはEUよりも隣国のロシアと仲良くした方がよいと思う住民が少なからずいた。共和党国際研究所（米国のシンクタンク）がちょうどドンバスで紛争が起きていた二〇一四年三月一四〜二六日に実施した世論調査では、ウクライナ東部でEUへの加盟に賛成したのは二二%に過ぎず、五九%がロシア主導の関税同盟に加盟したいと答えた。南部の回答者は二九%がEU加盟に賛成で、三七%がロシアの関税同盟への加盟を望んだ。しかし、国家のあり方については、南部の六九%と東部の五三%がウクライナを統一国家のままにすることを支持し、南部の二二%および東部の二六%が連邦化（地方自治の強化）を支持した一方で、分離主義（分離独立を目指す）を支持したのは南部で二%および東部で四%に過ぎなかった。

ウクライナが将来EUに近づくかロシアと親しくすべきかで意見を異にしても、ウクライナから分離して別の国家をつくることにはほとんどの住民が賛成していない。また、ロシア語話者が暴力や脅威にさら

されていると感じたのは、ウクライナ東部で回答者の五％に過ぎなかった。※7

親ＥＵか親ロシアかは、あくまで独立国家であるウクライナがとる外交政策の問題であって、ウクライナとの分離またはロシアに併合された国家を志向するものではない。親米路線をとるべしと思う日本人が、アメリカの一つの州としての日本を決して望まないのと同じである。

ウクライナではロシア語もウクライナ語も話せるバイリンガルが多く、言語によって社会が分裂していたわけではない。クルコフ氏やユーリーの例に見られるように、ロシア民族の住民やロシア語話者の多くは、ウクライナに忠誠を誓いロシアの侵略に抵抗している。またかつては親ロシア感情をもっていた人たちも、ロシア軍がウクライナで行っている蛮行を目の当りにして、ロシアに対して強い憤りを持つようになっている。

ウクライナにはロシア系以外にも、ハンガリー系、ポーランド系、ルーマニア系、ドイツ系など多くの民族集団がいるが、ロシアの侵略は、人々を民族の別を越え、ウクライナという独立国家の国民として団結させる結果をもたらしたのである。

民族の英雄シェウチェンコと「脱露論」

ロシア軍が占拠した地域ではさらに、ウクライナ的なものを乱暴に破壊する行為が見られた。たとえば、民族復興のシンボルとして国民に愛される詩人タラス・シェウチェンコの銅像が倒され、彼の肖像が破り捨てられた。

ウクライナが小ロシアと呼ばれていた帝政ロシア時代、ウクライナ語はロシア語の方言にすぎず、劣ったいなか言葉とみなされていた。そこに登場したのがウクライナ語の最大の文学者とされるタラス・シェウチェンコ（一八一四〜六一）である。

シェウチェンコは一八一四年に農奴の子として生まれた。絵の才能があり二四歳で自由の身分となってロシアで詩を書き始める。彼は農民の口語と古代教会スラブ語を統合して力強いウクライナ語を創造した。シェウチェンコの『遺言』（一八四五年）という詩には、ウクライナの自然への愛と隷従からの解放が歌われている。[※8]

100フリヴニャ紙幣に描かれたシェウチェンコの肖像

わたしが死んだら　なつかしい　ウクライナの　ひろい丘の上に　うめてくれ
かぎりない畑と　ドニェプルと　けわしい岸辺が　見られるように
しずまらぬ流れが　聞けるように

ドニェプルが　ウクライナから　すべての敵の血潮を　青い海へ　押し流すとき
わたしは　畑も　山も　すべてを捨てよう
神のみなもとに　かけのぼり　祈りもしよう
だがいまは　神の　ありかを知らない

わたしを埋めたら　くさりを切って　立ち上がれ
暴虐な　敵の血潮と　ひきかえに　ウクライナの自由を　かちとってくれ
そしてわたしを　偉大な　自由な　あたらしい家族の　ひとりとして　忘れないでくれ
やさしい　ことばをかけてくれ

一八四五年一二月二五日　ペレヤスラフにて

シェウチェンコは、民衆の「反ロシア感情」を煽った罪、ロシア皇帝夫妻を侮辱した不敬の罪により弾圧され流刑される。四七歳の若さで亡くなった彼が本当に自由だったのは生涯でわずか九年しかなかった。

ソ連政府はシェウチェンコを無視するわけにはいかず、農民の利益を擁護し、ツァーリの専制政治と農奴制の廃止のため戦った「偉大なウクライナの革命的民主主義者」と位置づけた。そして彼の詩の反ロシア、ウクライナ民族主義の部分は詩集から外され、彼の銅像に花を捧げると「ウクライナ民族主義者」として警察の取り締まり対象にもなった。独立後はウクライナ民族復興の英雄であり最大の偉人とされ、多くの町に銅像が建てられ、通りや施設に彼の名が冠せられた。マイダン革命の直後の二〇一四年三月には、タラス・シェウチェンコ生誕二〇〇周年祭がキーウの独立広場で盛大に催されている。

ロシア兵がシェウチェンコの像や肖像を破壊した行為は、ウクライナ民族の誇りとアイデンティティを侮辱するもので、ロシアへの怒りを増幅させた。

歴史研究者でジャーナリストでもあるオリガ・ホメンコ氏は、昨年日本で出版された『キーウの遠い

空』（中央公論新社、二〇二三）にこう書いている。[※9]

「私はいま、福沢諭吉が唱えた『脱亜論』を思い出している。必ずしも文脈は同じではないが、長い間頼ってきた、隣にいる大きな存在に対して、この一年間でウクライナ人は急激に『脱露論』を考えるようになり、精神的に『あの帝国』と離れた。そしてしっかりと自分の国境を確かめて、自分の故郷を誰にも渡さないと決めた。それは明らかである。ウクライナの人にとって今は『そろそろ戦いをやめて、平和的な交渉を進めたらいいのではないか』という声も上がっているが、それは無理だろう。故郷を攻撃されつづけているのだから」（一七二頁）

※1 "Пекло 21 століття: світ має знати про страшні вбивства людей та руйнування на Київщині, - ФОТО, ВІДЕО"（21世紀の地獄：世界はキーウでの恐ろしい殺人と破壊を知るべきだ）44. ua, April 3, 2022.（https://www.44.ua/news/3363913/peklo-21-stolitta-svit-mae-znati-pro-strasni-vbivstva-ludej-ta-rujnuvanna-na-kiivsini-foto-video）

※2 "Report on the human rights situation in Ukraine, 1 August 2022 – 31 January 2023"United Nations, March 24, 2023.（https://www.ohchr.org/en/documents/country-reports/report-human-rights-situation-ukraine-1-august-2022-31-january-2023）

※3 オスタップ・スリヴィンスキー作、ロバート・キャンベル訳著『戦争語彙集』（岩波書店、二〇二三）。

※4　「ウクライナ人の家に侵入して盗んだ日用品をベラルーシで売るロシア兵たち」COURRiER Japon、二〇二二年四月九日付。(https://courrier.jp/news/archives/284527/#paywall_anchor_284527)

※5　「平和サミット〝ロシアに連れ去られた子どもの帰還〟がテーマに」ＮＨＫ ＮＥＷＳ、二〇二四年六月一六日放送。

※6　ただしナワリヌイは二〇一七年、ウクライナ領でロシア軍が戦闘をしていることを認め、自身が翌一八年の大統領選挙で勝利したら、ロシア軍をウクライナ領から撤退させると約束していた。「クレーバ外相、露ナワリヌイ氏の発言につき「クリミアは返さなければならない」」Ukrinform、二〇二一年九月一九日付。(https://www.ukrinform.jp/rubric-polytics/3177579-kureba-wai-xiang-lunawarinui-shino-fa-yannitsukikurimiaha-fansanakerebanaranai.html)

※7　"Public Opinion Survey Residents of Ukraine March 14–26, 2014" International Republican Institute, 2014.(https://www.iri.org/wp-content/uploads/legacy/iri.org/2014%20April%205%20IRI%20Public%20Opinion%20Survey%20of%20Ukraine,%20March%2014-26,%202014.pdf)

※8　渋谷定輔・村井隆之編訳『シェフチェンコ詩集』(れんが書房新社、一九八八)。

※9　オリガ・ホメンコ：オックスフォード大学日本研究所英国科学アカデミーフェロー。ウクライナ・キーウ生まれ。キーウ国立大学文学部卒業、東京大学大学院地域文化研究科で博士号取得。ハーバード大学ウクライナ研究所客員研究員、キーウ経済大学助教授などを経て現職。日本語の著書に『ウクライナから愛をこめて』(群像社、二〇一四)、『国境を超えたウクライナ人』(同、二〇二二)等がある。『キーウの遠い空』は、キーウに生まれ育ったホメンコ氏が戦争の中で考えたことをつづっている。

第9章　復興を妨げる占領の遺産　前線からのリポート⑦

民間インフラを攻撃するロシア

ドネツク州の幹線道路で燃料が切れかかり、道路沿いの給油所を探した。ところが給油できるところがなかなか見つからない。多くのガソリンスタンドが爆撃で、しかもピンポイントで破壊されているのだ。おそらく精密誘導弾を使った攻撃なのだろう。

ロシア軍はターゲットは軍事施設だけだと主張するが、市民生活に不可欠な施設を周到に狙って攻撃していることは明らかだ。一月時点で、攻撃を受けた医療機関はウクライナ全土で一七〇〇カ所以上に上るという。また、ロシア侵攻以降、ウクライナの道路橋二九〇以上、鉄道橋八三が被害を受けた。外国からの支援などで、このうち一六一カ所が復旧したが、まだ半分以上が手つかずだという。[※1] 昨年末以降は、ロシア軍がウクライナの発電所などエネルギーインフラに大規模な攻撃を続け、各地で大停電が起きるなど電力事情が悪化している。

爆撃されたガソリンスタンド（ドネツク州）

六月二五日、国際刑事裁判所（ＩＣＣ）はウクライナの電力インフラへの攻撃を指揮するなど、戦争犯罪に関与した疑いがあるとして、ロシアのワレリー・ゲラシモフ参謀総長とセルゲイ・ショイグ前国防相に逮捕状を出したと発表した。逮捕状は二四日付でＩＣＣは「少なくとも二〇二二年一〇月一〇日から二〇二三年三月九日までに行われたウクライナの電力インフラに対するロシア軍のミサイル攻撃をめぐり、両者に責任があると信じるに足る合理的な根拠がある」としている。

国際法に違反するダムの破壊

ロシアによる民間インフラの破壊はダムにまでおよんでいた。

ドネツ川は、ウクライナで四番目に長く、東部では最長の川である。その支流オスキル川のダムは、洪水調整、電力供給と漁業支援を目的に一九五八年に建設された。南北長一二五キロメートル、最大幅四キロメートル、面積一三〇平方キロメートルの広大な貯水池をもつとされているのだが、私が訪れた時、水位は異常に低く、貯水機能が失われていた。水門が爆破され、常時放流の状態になっているのだ。オスキル・ダムは上部の構造もふくめて施設がことごとく破壊され、無残な廃墟と化していた。発電施設も壊されたため、周辺住民への電力供給がいまだに滞っているという。

破壊されたオスキル・ダム。水門も破壊され貯水機能が失われている

ロシア軍は全面侵攻の直後からダムを攻撃対象にした。侵攻開始二日後の一昨年二月二六日、ロシア軍はキーウ・ダムをミサイルで攻撃したが、ウクライナ軍が迎撃して被害を免れた。同年九月には、ゼレンスキー大統領の生まれ故郷である中部のクリヴィー・リフにロシアの巡行ミサイル八発が撃ち込まれて近くのカラチュンダムが決壊、洪水の恐れがあるため住民約六〇万人に避難指示が出された。

大惨事を引き起こしたのは、南部ヘルソン州のカホフカ・ダムの破壊だった。侵攻開始直後からダムと貯水池一帯はロシア軍の勢力下に置かれ、周辺でウクライナ軍と激戦になっていたが、昨年六月、ダムの大規模な構造崩壊が起きた。その結果、下流域のヘルソン市はじめ広大な土地が水没、ウクライナ環境省によれば五〇人以上が亡くなり、動物二万頭以上が死に、住民一万七〇〇〇人以上が避難を余儀なくされた。

ダムや原子力発電所などへの攻撃もまた国際条約で固く禁じられる行為である。ジュネーブ条約の追加議定書（一九七七年議定書一）では、「危険な力を内蔵する工作物及び施設」に「ダム、堤防及び原子力発電所」を挙げ、「これらの物が軍事目標である場合であっても、これらを攻撃することが危険な力の放出を引き起こし、その結果文民たる住民の間に重大な損失をもたらすときは、攻撃の対象としてはならない」としている。

日本は世界四位のウクライナ支援国

ウクライナでは、戦闘と同時並行で復興にも力を入れている。破壊された暮らしを再建し人々の日常を取り戻すことは、長期化する戦いを支えるためにも必須の課題である。

今年二月一九日、ロシアによる全面侵攻からまもなく二年となるのを前に、日本政府はウクライナの復旧・復興策を協議する「日ウクライナ経済復興推進会議」を開催した。ここで日本は地雷除去やがれき処理、電力、交通インフラの整備、農業など七分野で官民が連携した重点的な支援を行っていく方針を打ち出した。具体的な支援に向けては、両国の企業などが計五六本の協力文書に署名。来日したシュミハリ首相は、今回確認された両国の協力が「ウクライナの復興に活力を与える」として、謝意を表明している。ロシアによる侵攻以降、日本のウクライナ支援は、融資保証なども含めて八六億ドル（約一兆三〇〇〇億円）に上り、財政支援額では世界で四番目に大きい。

ただし、今後ウクライナの復興にかかる費用は恐ろしいほど巨額だ。「推進会議」の直前の二月一五日、ウクライナ政府、世界銀行グループ、欧州委員会および国連は、ウクライナの経済再建には推定四八六〇億ドル（約七三兆円）かかるとする報告書を発表。一年前の四一一〇億ドルから大きく引き上げられた。報告書によると、ウクライナの全住宅の一〇％が戦争で破壊され、再建には約五六〇億ドルかかる。交通システムに三四〇億ドル、商業・工業に一六〇億ドル、エネルギー部門に一一〇億ドル、農業に一〇〇億ドルが必要とみている。住宅、エネルギー、社会インフラサービス、公共事業、輸送などの分野で必要とされている早急な復旧には今年だけで一五〇億ドルかかるが、ウクライナの予算と支援する国々の拠出で確保できている資金は五五億ドルにとどまっているという。

日本からの軍事支援は防弾チョッキやヘルメット、車両など殺傷能力のない装備品に限られている。そこで復興支援に注力し、これを「日本ならではの貢献」（岸田首相）と位置づけている。ウクライナは、かつての戦争の惨禍からの復興や東日本大震災はじめ天災の被災からの復興に注目し、日本からのノウハウの供与にも期待しているという。

悪魔の「花びら地雷」

戦闘で破壊された地域で早急な復興が求められる一方、そこには復興を妨げるロシアの〝置き土産〟がある。オスキル・ダム周辺には、大量の地雷と不発弾が遺されていた。

ロシア軍は一昨年四月にオスキル川流域に侵攻し占拠したが、ウクライナ軍が九月からの東部攻勢で占拠地の多くを奪回した。ロシア軍は撤退する際、対戦車用の大型地雷から小型の対人地雷までを大量に敷設していった。それらはいま、ダムの復旧をはじめ地域の復興を進める上で大きな障害となっている。

私がオスキル・ダムを訪ねた日、周辺では地雷処理隊が撤去作業を行っていた。処理隊は地雷や不発弾の処理を担当する緊急事態庁から派遣され、連日出動しているという。

「花びら地雷」PFM-1。季節や場所により異なった色にしてまかれる

「これは実にやっかいな地雷です」。そう言って処理隊スタッフが見せてくれたのは、手のひらに載るほど小さな平べったい地雷だった。ＰＦＭ-１というプラスチックで覆われた対人地雷で、その形状から通称は「花びら地雷（petal mines）」または「バタフライ（蝶）地雷（butterfly mines）」という。飛行機や火

砲を使い空からばらまいて地上に落とすことが多い。ロケット弾一発に三〇〇個以上搭載でき、一度に五〇〇〇個を一五〇ヘクタールにまくことができるという。

「花びら地雷」は、人命を奪わない程度の、足首や膝から下がもげる怪我を負わせる。戦場では、地雷で負傷した兵士を応急処置し搬送する人員をとられ、作戦が大きく妨げられる。この対人地雷の効果が、昨年六月以降のウクライナの反転攻勢をロシア軍が阻止できた要因の一つになったともいわれている。戦場を離れても、医療や社会復帰のための資源や人員が社会に負担となってのしかかる。さらに、障害を負った本人と周りの人々の戦意を削ぎ、厭戦気分を助長する。戦死よりも大きな物理的、心理的ダメージを敵に与えることを目的に考案された、悪意に満ちた地雷である。

金属探知機で地雷や不発弾を探す処理隊

森の中で大きな不発弾が見つかった

春には緑、秋には茶色と季節により色を変えてばらまくと、草原や畑、森の中で保護色となって気づきにくく被害を大きくする。また気づいたとしても、一見して地雷とは分かりづらく、形が蝶に似ているので子どもなら拾いたくなるだろう。かつてソ連軍が侵攻したアフガニスタンでは、好奇心でさわった子どもたちが多数大けがを負い、ウクライナでもすでに多くの子どもたちから腕や脚、さらには命を奪っている。

ウクライナも対人地雷を使用か

対人地雷は一九九七年の対人地雷禁止条約（オタワ条約）で製造・使用・貯蔵が全面的に禁止されている。この条約には、米国を除くすべてのNATO加盟国とすべてのEU加盟国を含む一六四カ国が加盟し、ウクライナも批准国（二〇〇五年一二月二七日批准）である。ロシアは条約未加盟だが、対人地雷が民間人にも被害を与える無差別性を踏まえると、その使用は国際法違反と言わざるをえない。

国際人権NGOの「ヒューマンライツウォッチ」は、ロシアが一三種の対人地雷をウクライナで使用したとの調査結果を明らかにした。その一方で、ウクライナ軍もまたPFM-1（花びら地雷）を使用した可能性が高いと指摘している。報告によると、ウクライナ軍は、一昨年九月中旬まで半年近くロシア軍の占領下にあったイジューム周辺にロケット砲により数千個をまいたという。[※2] まさに私たちが地雷の撤去作業を取材した地域である。対人地雷の使用は条約違反であり、ロシア軍への対抗上使用したとの理由づけが正当化しうるか疑問である。ウクライナ政府が事実を明らかにすることを期待する。

日本も地雷処理に支援

地雷処理隊のスタッフが「お国からいただいたものです」と私たちに指し示したのは、地雷を見つけるのに使う金属探知機だった。日の丸とＪＩＣＡ（国際協力機構）のロゴが記されている。これがウクライ

対人地雷がまかれた地域（ウクライナ非常事態庁資料より一部引用）※3

JICAから贈られた金属探知機

ナで初めて見る日本からの支援物資となった。

ＪＩＣＡは、これまでもカンボジアやラオスなどで地雷除去への支援を行ってきた経験があり、こうしたノウハウを生かしてウクライナ非常事態庁に「人道的地雷・不発弾対策能力強化プロジェクト」の技術協力を行っている。

対人地雷がまかれたのはウクライナ全土（約六〇万三六〇〇平方キロ）の四分の一以上で、ドイツやイタリアの国土面積の半分にあたるという。自宅近くに地雷や不発弾があるというのでは安心して暮らせない。一刻も早く除去してほしいと住民は希望するが、現在はダムなどの大型インフラでの除去作業が優先され、農地や森、住宅地はほとんど手つかずだ。

ウクライナ全土を安全にできるのはいつになるかと地雷処理隊のリーダーに尋ねると、つらそうな表情で「処理すべき場所があまりにも多すぎて、誰にも分からない。まずは戦争を終わらせないと」と答えた。

※１　「ビジネス短信　ウクライナ、モジュール式橋梁を新たに18基受領」ＪＥＴＲＯ、二〇二四年四月三日付。(https://www.jetro.go.jp/biznews/2024/04/56e78

8203473f78a.html)

※2 “Ukraine: Banned Landmines Harm Civilians” Human Rights Watch, January 31, 2023. (https://www.hrw.org/news/2023/01/31/ukraine-banned-landmines-harm-civilians)

※3 https://www.facebook.com/MNS.GOV.UA/posts/pfbid0uoFv52ft1i11uu9KW7QxFs62UahDm2z1qMBpgg5sVbcKJm6JrEEYBYuetabsEAGcl

第10章　悪魔の兵器を求める戦場　前線からのリポート⑧

クラスター弾使用の現場

欧米がウクライナに要求された兵器のうち、供与をためらったものがいくつかある。その一つがクラスター弾だった。

ロシア軍と対峙する前線からおよそ一五キロ、鉄鋼生産を中心に工業都市として栄えてきた町、ドネツク州コンスタンティノフカを訪れた。二〇一四年、二カ月半ほど親ロシア派分離主義者の部隊に占拠されたあと七月上旬にウクライナが奪還。ドンバス戦争が本格化すると、ロシアの傀儡国家「ドンバス人民共和国」からの避難民が町に押し寄せた。

コンスタンティノフカはこの地域の中心の町で、ロシアの攻略目標の一つとされる。侵攻開始直後、ロシア軍が最初にミサイル攻撃した町の一つで、今なおミサイルやドローン、ロケットなどによる空襲にさらされている。危険を避けて他地域に避難した住民が多く、中心部の通りでも車や人の姿はまばらだ。そんな町で毎日人々が集まるのが、暮らしに欠かせないバザール（市場）である。狭い通りの両側に、食料や日用品を扱う小さな間口の店がごちゃごちゃと長屋のように並んでいる。ある衣料店の壁をふと見ると、点々と小さな穴があいている。店主の女性がクラスター弾による空襲があったことを説明してくれた。

「去年の七月の月曜でした。空襲があったのは午後三時半で、私はちょうど店じまいをして帰路についたところだったので命拾いしました。死者が出なくて幸運でした」

穴は壁を覆う鉄板を突き抜けており、殺傷力の高さをうかがわせる。ロシア軍は人々が集まるバザールもまた、攻撃のターゲットにしていたのだ。

クラスター弾は、親爆弾から数多くの子爆弾が空中で放出され、サッカー場より広い範囲にばらまかれる対人兵器である。航空機から爆弾として投下されるほか、ミサイルやロケット弾の弾頭、砲弾として発射される。子爆弾は通常爆弾、焼夷弾、地雷などさまざまで、第二次世界大戦時、米軍はクラスター焼夷弾で日本の各都市を空襲し、焦土化した。

侵攻開始後間もない一昨年の四月八日、ドネツク州のクラマトルスクで大惨事が起きた。避難のため四〇〇〇人の市民が押し寄せて混雑する鉄道の駅を、ロシアがクラスター弾搭載ミサイルで攻撃し、少なくとも五八人の民間人が死亡し一〇〇人以上が負傷している。このとき使用されたクラスター弾は一個の親爆弾から五〇個の子爆弾がばらけて落下し、子爆弾のそれぞれが約三一六個の均一の小さな破片に砕けて

クラスター弾の破片の穴を指す商店主

飛び散るタイプだった。計算上、この一発で、一万五〇〇〇個以上の金属の破片が無差別に広範囲の人々を襲ったことになる。私が見たバザールの壁の穴もそうした金属片によるものだった。人口密集地域でのクラスター爆弾の使用は、国際人道法に反する行為である。

「面制圧兵器」クラスター弾

ロシア軍は戦場でもクラスター弾を多用している。一度の投下で広く人的被害を与える「面制圧兵器」として使われるクラスター弾は、広範囲に展開する部隊や移動中の部隊への攻撃に有効とされる。ベトナム戦争時のアメリカ陸軍のデータによれば、敵兵一人を殺害するのに必要な砲弾が、一五五ミリ榴弾砲の高性能爆薬砲弾の場合は一三・六発であるのに対して、クラスター弾ならわずか一・七発で済むとされている。つまり、兵士に対する殺傷効果でいえば、クラスター弾一発は通常砲弾の八発に匹敵する。

いまウクライナの戦線は膠着し、両軍は塹壕に籠って戦っているが、クラスター弾は塹壕戦でもきわめて効果的だという。単発の砲弾では塹壕の中に命中する確率は低く、もし直撃したとしても、砲弾の破片は曲がりくねった塹壕の遠くまでは届かない。一方、クラスター弾は、たくさんの子爆弾を降らせ、塹壕にこもる兵士を一気に数多く殺傷することができる。実際、ロシア軍がクラスター弾を多用するため、ウクライナ兵の犠牲が増えて戦況にも影響を与えているという。

ウクライナ軍もクラスター兵器を切望

ウクライナ軍は兵器や弾薬が不足する中で戦うなかで、欧米にクラスター弾の供与を要求してきた。

ウクライナ軍にとってのクラスター弾のメリットは、まず殺傷力がきわめて高いため砲弾を節約できることだ。さらに、火砲の使用期間を延ばすという効果もある。クラスター弾なら砲撃の回数が少なくて済むため、火砲の損耗を抑えることができるからだ。

ゼレンスキー大統領は二〇二三年七月のＮＡＴＯ首脳会議の記者会見で、「ロシアは我々の領土で常にクラスター弾を使っている。すべては公平性の問題だ」と主張し、欧米に供与を強く求めた。国際ＮＧＯの連合体「クラスター兵器連合（ＣＭＣ）」によると、アメリカは同年七月以降、ウクライナの求めに応じ、少なくとも三回にわたってクラスター弾を提供したとされる。

クラスター弾は、火力でも兵員の数でも劣るウクライナ軍にとって、犠牲をいとわぬ「肉ひき器作戦」で押し寄せるロシア軍の攻撃を食い止めるためにも無くてはならない兵器だという。ザルジニー前総司令官の特別顧問だったダン・ライス氏は、ウクライナ軍がクラスター弾を使用し始めたことで「ロシア軍の損害を劇的に増やした」とし、「ロシア軍が前進する能力を遮断している」と高く評価している。

ながく残る不発弾の汚染

クラスター弾は、その不発弾がながく民間人に被害を与え続けることでも知られる。インドシナ半島には米軍がまいた半世紀前のクラスター弾の「汚染地」がいまなお残る。「クラスター兵器連合（ＣＭＣ）」によると、残存したクラスター弾による二〇二一年の死傷者は、世界で一四九人で、その三分の二が一八歳未満の子どもだった。ウクライナでロシア軍が使用するクラスター弾の不発率は、三〇～四〇％にも上るとされる。アメリカ製は不発率を二・三五％以下に抑えたというが、子爆弾の数が多いため無視できない数量の不発弾が発生することは避けられない。

クラスター弾の非人道性が問題になり、二〇一〇年には使用や保存、製造を全面的に禁止する「クラスター弾に関する条約」が発効した。しかし、ロシアもウクライナ、アメリカもこの条約には加盟していない。ロシアに国境を接するヨーロッパの国でこの条約に署名したのはフィンランドとリトアニアのみだが、リトアニアでは国防相が条約からの脱退を主張するなど、軍事的緊張が高まる今日、クラスター弾が再評価されつつある。

「公平性」からいえば、窮地のウクライナ軍がクラスター弾を使用することを批判することはむずかしい。ただ、戦いが行われているのはウクライナの国土であり、ウクライナ軍が撃つクラスター弾が落ちるのも自国の大地である。戦争が終ったあとの復興の困難さを思うにつけ、一日も早くロシア軍が撤退し、これ以上のクラスター弾の使用が止むことを願う。

第11章　遺された憎しみと不信　前線からのリポート⑨

吹き飛んだ人気レストラン

戦争は人々を殺傷し、自然をも文化をも破壊する。戦争はさらに、住民のあいだに抜きがたい不信感をもたらしている。

私たちは東部戦線の取材中、ドネツク州のクラマトルスクに滞在していた。州都ドネツク市がロシア支配下にあるため、現在はここクラマトルスクに臨時の州政府が置かれている。ある日、食事をしようと繁華街に出た。通訳のユーリーはこの町に土地勘がありレストランにも詳しい。店を探していると、通りの一角をユーリーが指さした。

「あそこにRIA Pizzaという雰囲気のいいレストランがあって、僕のお気に入りだったんだけど、四カ月前、爆撃であとかたもなく吹っ飛んでしまったんです」

そこには破れたテント生地と鉄骨だけの廃墟があった。昨年六月二七日の夜七時三〇分ごろ、ロシアの

ミサイルで破壊されたRIA Pizza

レストランの前の歩道に犠牲者の写真を並べた祭壇が設けられ、今も人々が花を手向ける

短距離弾道ミサイル「イスカンデル」が直撃したという。周囲のビルや商店も激しく損傷しており、爆発の大きさがうかがえる。若者に人気のレストランで、外国人ジャーナリストや支援ボランティア、兵士などが休憩をとる場所でもあった。

　爆撃当時、客とスタッフ合わせて約八〇名が店内におり、うち一三人が死亡、けが人は六〇人を超えた。犠牲者には一四歳の双子の姉妹、一七歳の少女、退役した米海兵隊員なども含まれている。店の前の歩道には、亡くなった若者たちの写真が並べられ、新鮮な花やぬいぐるみが供えられていた。

空襲警報が詩になる時代

ロシア軍は、軍事的な目標だけでなく市民生活の場をも容赦なく空爆する。繁華街への攻撃は珍しくないのだが、このレストラン空爆事件はいくつかの理由で、内外で大きなニュースになった。

犠牲者の中には、ヴィクトリア・アメリーナさんという著名人がいた。欧州全体で注目されつつあった、まだ三七歳の気鋭の作家・詩人で、ロシアによる戦争犯罪を記録し、避難者を助ける活動を精力的に行っていた。戦争の中で彼女がつくった詩に「サイレン」がある。

ウクライナじゅうに流れる空襲警報
みんなが死刑台に送られるような
でも標的になるのは一人だけ
端っこにいる一人だけ
今回はあなたではなかった
警報解除[※1]

アメリーナさんは食事中にミサイル攻撃を受けて重傷を負い、四日後に病院で亡くなった。一二歳の一人息子が残されたという。

ロシア軍の爆撃のうらに「内通者」がいた

この空襲が注目されたもう一つの理由、それはミサイル攻撃を助けた「内通者」の存在だった。ミサイル攻撃翌日の六月二八日、ゼレンスキー大統領はこの攻撃に関わったとして、ロシアのスパイとされる地元の男性を反逆罪で起訴することを明らかにし、ロシアの殺人を手助けした者は「最大級の刑罰」に値すると語った。ウクライナの情報当局によると、この男性は、攻撃が行われる数時間前にレストランの映像をロシア軍に送っていた。※2

ここクラマトルスク市の中心部からロシア軍と対峙する前線までは直線距離で二四キロ。詳細な位置情報があれば、より正確なピンポイント攻撃が可能になる。

「今もこの町にはロシア側に通じている『裏切者』がいるんだよ」とユーリーは周りを見渡しながら言う。がぜん、街を歩く人々がみな怪しく見えてきた。

戦士兵の葬儀にもミサイル攻撃

私たちのウクライナ取材の直前にも同様の事件が起きていた。

二三年一〇月五日、ウクライナ北東部ハルキウ州の小さな村フロザ（Hroza）がイスカンデルミサイルで攻撃され、三三〇人の村の人口の二割近くが命を落とすという大惨事となった。狙われたのは村のカフェで行われていた戦没兵士の葬儀だった。兵士の妻や息子、親族などを含め五九人が亡くなり、国連人権高等弁務官事務所（ＯＨＣＨＲ）は、女性三六人、男性二二人、子ども（六歳）一人の犠牲者全員が民間人だったとの調査結果を発表してロシアを非難した。

ウクライナ保安庁は、元住民の二人の兄弟が葬儀の場所や時間などの情報をロシアに提供したことが惨劇を招いたとしている。フロザ村は緒戦でロシアに占領され、半年近く後の九月にウクライナ軍によって解放された。占領時にロシアの協力者になっていた2人はロシア領に逃げたが、村との関係を保って情報を集めていたという。

内部情報を得ることで、ロシア軍のピンポイント攻撃がより多くの住民を殺戮している。ロシアへの内通者に対して、ウクライナ政府も国民も警戒を強めるゆえんである。

私たちの通訳のユーリーは、今はロシアに占領されているドネツク市の出身で、かつての友人の中にはロシア軍に協力している者もいるという。

「以前のクラスメートが、ロシアに魂を売ったんです。僕はそいつの名前をウクライナの諜報機関に報告しました」と憎しみをあらわにユーリーは言う。

住民を分断する疑心暗鬼

ドネツク州のリマンという町も緒戦でロシア軍に一時占領された。多くの住民が町を逃れたが、ウクライナ軍が一昨年の一〇月一日にリマンを解放したあと、少しづつ町に戻ってきていた。

ロシア軍に一時占拠された集落に少しづつ住民が戻って来ていた。屋根をビニールシートで覆っている家も多い。リマンにて

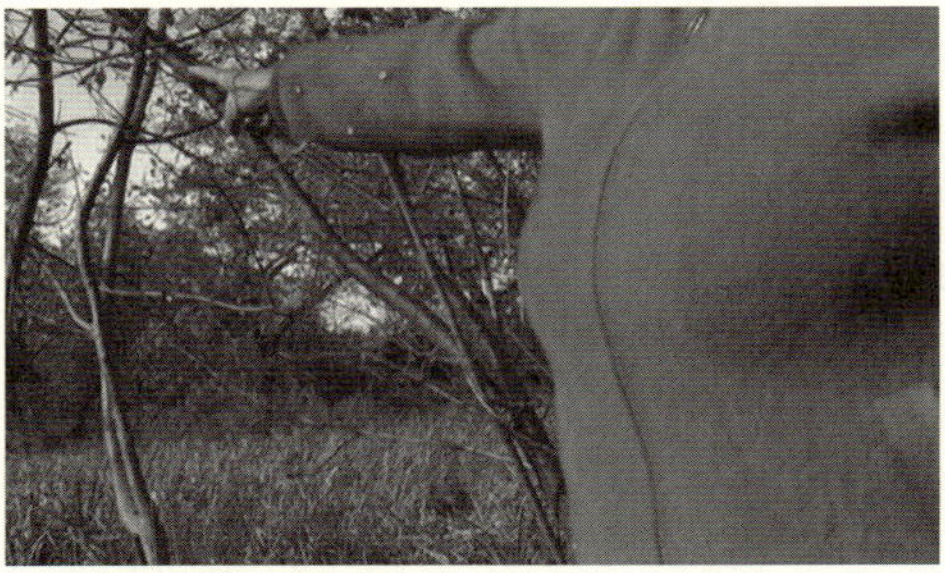

「内通者がいる」と語る赤い服の女性（リマン）

通りを歩くと、まだ主が戻らず、空き家のままの家も多い。メインストリートで開いている商店はまだ数えるほど。営業中の一軒の食料品店に入って話を聞くと、「ロシア軍が町に入ってきたが、年老いた両親がいるので避難できなかった。店を閉めて外に出ないようにしていた」と店の女主人は言う。ロシア軍による占拠期間中も、さまざまな事情で町にとどまった人は少なくない。

通りを歩く人に近づいて、ロシア軍が駐留していたころの町の様子を聞こうとインタビューをお願いするのだが、ことごとく断られた。あきらめかけたころ、ようやく一人の高齢の女性が、顔を写さない条件で取材に応じてくれた。なぜ住民が取材を拒否するのかと尋ねると、まわりをうかがいながら「この町にはロシアに通じている者がまだいる。だから自由に話せないのよ」とささやくように言う。

その女性によれば、ロシア軍占拠時には、親ロシア派の住民が隣人を監視したり密告したりして町の人に憎まれていた。ウクライナ軍が町を奪還すると、主だった親ロシア派活動家の住民はロシア軍とともに町を去った。しかし、今いる住民の中にもまだ「内通者」がいると彼女は信じている。住民の個人名を挙げながら「内通者」に警戒すべきだと語る表情は真剣そのもの。あたりには誰もいないのに、声を殺して訴える彼女を撮影していると、私にも恐怖感が伝染してくるような気がした。

同じ町に住む住民でありながら、ロシア軍が去っても消えない憎しみと不信。コミュニティを分断するこの見えない壁が取り除かれるのはいつの日だろうか。

※1　朝日新聞　藤原学思記者の記事（二〇二四年二月二六日朝刊）の訳による。日本ペンクラブは七月七日、「Victoria Amelina 氏の逝去の報に接し、これまでの勇気ある活動と功績を称え、心より哀悼の意を表します」との声明を桐野夏生会長名で出している。

※2　"Kramatorsk: Alleged Russian spy to be charged over deadly strike" BBC, June 29, 2023. (https://www.bbc.com/news/world-europe-66045197)

第12章 銃後で〝日常〟を戦う市民たち

吹き飛んだ集合住宅のガラス窓

ミサイルで破壊された集合住宅（クラマトルスク）

ウクライナにおける戦争は、先が見えないまま長期化の様相を呈している。銃後の市民たちは戦争にどう向き合っているのだろうか。

東部戦線取材での私たちの宿泊地、ドネツク州クラマトルスク市は日常的にロシア軍の空襲にさらされている。第10章で紹介したクラスター弾によるクラマトルスク駅の大惨事のあと、避難指示が出て住民の八割近くが町を離れた。当然、空き家や空き部屋が多くなる。空いたスペースを「民泊」として貸し出す集合住宅があると聞き、宿泊費を節約するため利用することにする。案内されたのは、何棟もの集合住宅が立ち並ぶ団地の２ＬＤＫだった。

夜、やけに寒い。ベランダを見ると、窓にベニヤ板が打ち付けてあり、すきまから冷たい風がピューピュー入ってくるではないか。近くにロシア軍のミサイルが着弾し、爆風でガラス窓がすべて壊れたことを翌日知った。

ミサイルが着弾したのは四階建ての大きな集合住宅だった。その半分は完全に崩壊し地面に散らばるガレキとなって無残な姿をさらしていた。昨年二月二日、ロシアが発射したミサイルS-300が着弾、大爆発を起こしたという。S-300は本来は地対空ミサイルだが、ロシア軍はミサイル不足を補うため地上攻撃にも使っている。

ここは多くの団地群からなる居住エリアで軍事関連施設はない。明らかに民間人の殺傷を狙った攻撃である。あたり一帯の建物は爆風で損傷しており、その一つが私たちの宿泊した集合住宅だった。ウクライナに安全な場所はないという現実を突きつけられた。

フリーマーケットに見る生活苦

朝、団地の一画に人だかりがしている。フリーマーケットだった。路上に並ぶのは、靴、衣類、文房具、玩具、絵本、ぬいぐるみ、鍋、聴診器、懐中電灯、シャワーのヘッドなど雑多で、自宅から売れそうなものを見つくろって持ってきたのだろう。はたして買い手がつくのか首をかしげたくなるものもある。月曜以外の週六日、朝八時から午後一時まで開かれているという。店を出しているのは多くが年金暮らしの高齢者だが、中には戦争で失業した人もいた。

コートや上着などの衣類や使わなくなった皿などの台所用品を並べていたナジェルナさんは、もと幼稚園の補助教員だったという。

「子どもたちが町から避難していったので幼稚園が閉じてしまいました。夫は友人とやっていた小さなビジネスが戦争でダメになったので、夫婦そろって仕事がなくなりました。少しでも暮らしの足しにしたいと思っていますが、買い手がつかない日もあります」

どの町にも失業者は多い。ロシアの侵攻により四分の一の企業が事業を中止するか倒産し、倒産しない

幼稚園の職を失ったナジェルナさん

ナジェルナさんの夫。ウクライナは勝利すると断言した

ザポリージャの公園で見かけた義足の物乞い

までも従業員を整理解雇した会社が少なくない。町を歩けば庶民の苦しい暮らしぶりをかいま見ることができる。通りでは手を差し伸べて物乞いをする高齢の女性やゴミ箱をあさる男性、駐車場では車のフロントガラスを洗って小銭を稼ぐ少年の姿を見た。ウクライナは旧ソ連・東欧圏の中では経済的な停滞が顕著で、ロシアが全面侵攻した時の国民の所得水準は、一九九一年の独立当時を下回っていた。世界銀行の調査によると、ウクライナの若者の失業率は二〇二一年時点で一九％に達していた。戦争でウクライナ経済はさらに大きなダメージを受け、二二年の国内総生産（ＧＤＰ）は前年から三〇％以上減少している。戦争で被害を被った企業や個人に対する政府からの支援はわずかで、多くの国民が生活苦を訴えている。

空襲警報に反応しない人々

戦争が長引くにつれ国民の苦しみは募っていく。その一方で、戦時につきものの〝非常時〟の雰囲気は不思議なほど感じられない。

ある日、クラマトルスクの繁華街でいきなり空襲警報が鳴り始めた。

警報は、空軍がミサイルやドローンの発射や飛来などを感知したとき、着弾が予想される地域に発令され、危険が去ったと判断されれば解除される。近くの歩道に空襲用のシェルター（避難場所）が見えたので入ろうかと身構えたが、まわりでは誰も警報に反応しない。サイレンが鳴っていたおよそ三〇分間、人々は何事もなかったかのように買い物をし、カフェでおしゃべりを続けていた。ロシアの全面侵攻開始直後は、空襲警報のサイレンが鳴るや、みな先を争ってシェルターに避難していたのが、この変貌ぶりである。

防空シェルター。空襲警報のサイレンが鳴っても誰も入らなかった。クラマトルスクにて

クラマトルスクの団地に滞在中、近くの町にミサイルの空襲があった。深夜、遠くで爆発音が聞こえ、一〇分ほどして空襲警報のサイレンが鳴った。通訳のユーリーがすぐにテレグラム[※1]でチェックする。テレグラム情報はとてもはやい。二五キロほど離れたコンスタンティノフカに四発のミサイル攻撃があったとの情報が流れているという。警報の前にすでにミサイルが着弾していたわけである。前線に近い地域ではままあることだという。こうしたことも警報が軽視される要因になっているかもしれない。

ウクライナではロシア国境から遠いリヴィウなど西部の町をふくめ、爆撃されない地域はない。また軍事施設ではない場所でも攻撃を受けている。したがって、本当に安全な銃後はなく、どこにいても被害を受ける可能性がある。空襲警報で確実に身を守れるとも限らない。人々はいつ自分がやられるか分からない恐怖のなかに生きている。

「ウクライナ人はみな、ほんとのロシアン・ルーレットで生きてるんだ」ユーリーが笑えない冗談を口にした。

空襲警報は一日平均五〇回以上

国連ウクライナ人権監視団（ＨＲＭＭＵ）によれば、二二年二月のロシアによる全面侵攻以来、今年六月七日までにウクライナ領内で少なくとも、一万一一二六人の殺害と二万一八六三人の負傷が確認されている。死傷者の九割がミサイルや砲弾、自爆型ドローンなど爆発性の兵器の攻撃を受けたという。ただこの数字はあくまで確認できた民間人だけで、激戦地周辺やロシア占領地での被害は把握が難しく、実際の犠牲者はこれをはるかに上回る。※2

私が滞在中にミサイル攻撃を受けた建物。翌日は何事もなかったように町は動いていた。こうした空襲は「日常」になっている。ザポリージャにて

空襲警報については、ロシア侵攻直後の二二年三月一五日から二四年二月一一日までの約二年間、六九九日の間、全土で計三万七四一三回発令されたという統計がある。一日あたり平均でなんと五三・五回にもなる。

なお、防空シェルターの総数は全国で六万四五八カ所。キーウだけで五〇〇〇カ所あり、地下鉄の駅も避難用シェルターとして使用されている。幼稚園や学校などでは子どもたちを守るため、今でも警報が鳴ればシェルターに退避させている。しかし一般市民の場合、警報のたびに仕事や日々の活動を中断してシェルターに逃げ込むのでは日常生活もままならないだろう。数分で警報解除になることもあれば、四時間サイレンが鳴りっぱなしというときもあるのだから。

壊された〝日常〟を取り戻す

私が見た、サイレンに反応しない光景は「戦争慣れ」とも表現できるのだが、同時に市民が毎日の暮らしを侵攻前と同じように過ごそうという意識の表れでもあった。ロシア軍が医療施設や学校、ショッピングセンターなどを攻撃するのは、正常な市民生活が送れないようにして戦意を削ぐためである。だから、それにめげずに普段通りの生活を続けることもロシアに対する抵抗と人々は捉えているのだ。ウクライナでは「レジリエンス」（立ち直る力、打たれ強さ）という言葉をよく耳にするが、砲爆撃などの被害があっても、平静に日常を取り戻す努力がいたるところで見られる。

ウクライナ政府もまた、社会をできるだけ平時の状態に近づけることを奨励している。長期化する戦争を支えるには「経済を回す」ことが不可欠だからである。新たにビジネスを起こし納税することで戦争遂行に貢献したいと考える若者も増えており、侵攻開始前の起業件数は毎月二万件台だったのが、昨年春ごろから増え始め、六月は三万一四七七件に達したという。昨年一～八月の月平均起業件数は約二万四〇〇〇件で、廃業の約一万七〇〇〇件を大きく上回っている。インフレ率は一昨年が二六％、昨年が八・六％で、戦時中にしては落ち着いていると言っていいだろう。

日常の暮らしを守っていくため、お互い苦しいなか支え合おうという同胞意識も高まっているようだ。銃後の暮らしをつづった作家のアンドレイ・クルコフの日記にはこんな記述がある。

「今、多くの人が必要でないものを買ったり、その支払いをしたりしているが、それで他の人を助けているとわかっているからだ。数千人がミコラーイウ市動物園の入場券をオンラインで購入している。この動物園はロシアに砲撃され、閉園中だ。来園者はいない。だが動物はいるし、餌が必要だ。この慈善入場券購入のおかげで、動物園は困難なこの時期に動物の餌を買うことができる」(『侵略日記』一五六頁)

州内に激戦地を抱えるドネツクは、午後九時以降の夜間外出禁止令が発令されているほか、ウクライナで唯一、酒類の販売、提供が禁止されている。だがその制限下で、レストランやカフェは侵攻前と同様に営業しており、客の入りも悪くない。個人商店やスーパーマーケットは毎日、買い物客でにぎわっている。

コンサートや映画を楽しむこともできる。前線から約三〇キロの南部ザポリージャで、夕方劇場の前を通りかかると長い列ができていた。ズラータ・オーフニェビチという人気ポップシンガーの公演だった。戦場に近い町でも、芸能を含む市民の娯楽は健在だ。

朝のバス停で列をつくる通勤者、晴れた午後に公園のベンチでくつろぐ高齢者や通りをにぎやかに走っていく結婚式の車列などを見ていると、いま戦争の真っ最中であることを忘れそうになる。ウクライナに滞在中、私には戦時下にありがちなパニックは感じられなかった。

劇場で開かれるコンサート公演に並ぶ人々（ザポリージャ）

国防省の掲示板に「戦争は恐怖」

町の平静さとともに印象的なのが、いわゆる戦意高揚ムードの乏しさだ。都市のメインストリートや幹線道路沿いには、お菓子や化粧品の商品宣伝と並んで戦争遂行への支持を呼び掛ける掲示板がある。だが、そのアピールに激烈な調子のものはほとんどない。

「戦争は誰にとっても恐怖です。私にとっても」という大きな文字の標語に続けて小さい文字で「恐怖を認めるには勇気がいります。私たちには勇気が必要です」と書いてある看板がドネツク州の道路そばに立っていた。

反戦団体なのかと思いきや、なんと国防省の広報掲示板だった。そこに載っていた肖像の人物は、パウロ・パリサ大佐。ロシア軍と最前線で対峙し激戦を続けてきた第九三独立機械化旅団の名指揮官だという。

標語は、死を怖いと思う自分を認めた上で、それは決して臆病ではなく勇気のいることだと言っている。戦闘中、恐怖に震える部下を元気づけようとかけた言葉ではないだろうか。

私は、かつての日本の「進め一億火の玉だ」、「欲しがりません、勝つまでは」などのように、戦意高揚のスローガンには、すべてを犠牲にし、死を恐れずに戦えというメッセージがつきものだと思いこんでいたから、この掲示板はとても新鮮だった。

ロシアが囚人までかき集めて消耗品のように兵士を戦場に投入しているのに対して、ウクライナではふつうの市民感情に沿って戦争への協力を訴え、それに応えて多くの国民が祖国防衛に進んで参加している。人々の肩の力が抜けた戦いぶりに、ウクライナ社会のたくましさを感じた。

ちなみに、先の掲示板のパウロ・パリサ大佐は、部下からの信頼厚い猛将としてウクライナ国民に慕われる軍人だ。彼は欧米からの支援について、こう語っている。

「戦争は誰にとっても恐怖です。私にとっても」「恐怖を認めるには勇気がいります。私たちには勇気が必要です」と書かれた国防省の掲示板

「私は西側には期待していません。何よりも自分に期待すべきです。私が（一年留学した——著者注）米国ではっきりと理解したことは、個々の国の目的は自国の国益を守ることだ、ということです。そして、私たちは、そのことに集中し、自らの行動を取るべきで、何よりも私たちの国益があるという観点から、自らの行動を計画していかねばなりません。パートナー国は、私たちを助けながら、自らの国益を守っていくのだということも考慮すべきです。ウクライナの勝利は、私たちの仕事であって、西側の仕事ではないのです[※3]」

ウクライナ戦争を「代理戦争」だとして、ウクライ

ナの主体性を軽視する見方が日本の一部にもあるが、ウクライナを守るのは欧米ではなく自分たちだけだという決意は、この国の人びとの多くが共有するものだ。

戦争と報道の自由

戦時下の社会では情報の公開と発信が統制され、国民の情報へのアクセスが大幅に制限されるのが常である。しかし、正確な情報がなければ国民主権が脅かされ、社会にパニックが起きやすくなる。ウクライナのメディアはこの問題をどうとらえているのか。

ウクライナでも、政府や軍は敵であるロシアを利する情報を伏せ、戦争遂行に有利なようにメディアを使おうとしている。当然、メディアとの確執が生じている。

ウクライナの代表的なマスメディアの一つ、『ウクライナ・プラウダ』のセウヒリ・ムサイエワ編集長は、報道人としての姿勢をこう語っている。

「〝自主規制〟という現象があります。支援や社会の団結に影響を与えかねないために戦時下で汚職について報道してはいけないと思っている記者もいます。私はこの意見に大反対です。戦時下においては汚職のような事実を社会から隠してはいけないと確信しています。私たちは色々な規制の中で生活して仕事をしていますが、情報に関する規制もあります。だからと言って検閲をしたり口止めをしたりしてはいけません。ロシアのミニバージョンを作ってはいけないのです。絶対にそうならないし、非常に高

い代償を支払ったウクライナ社会はそうさせないのです」※4

自由のないロシアのようには決してならないし、ウクライナはそのためにこそ戦ってきたのだとムサイエワ編集長は言う。

実際に、ウクライナのメディアが政権から受けた不当な圧力を市民がはね返す事例が相次いでいる。

昨年一二月には情報機関である保安庁（ＳＢＵ）職員がジャーナリストの行動を盗撮し薬物を使用する映像をＳＮＳに上げて信用を失墜させる事件が起きた。

世論が反発し、ウクライナの報道機関を調査する市民団体「マス情報研究所（ＩＭＩ）」は今年一月一六日、メディアを狙った攻撃、追跡、秘密裏の動画撮影は、民主国家では看過し得ないと批判し、報道関係者が体系的な圧力を受けている問題について、政権に対応を要求した。すると早くも翌日の一七日、ゼレンスキー大統領は、記者に対する圧力はどんなものも看過できないとコメント。二月六日には保安庁の当該事件に関わった情報機関の局長が解任されている。

国家存亡の危機のなかでも、メディアの自由を守るために民主主義的なシステムが機能し、政府に迅速な対応をとらせているのである。

五月、国際ＮＧＯ「国境なき記者団」（ＲＳＦ）が一八〇カ国・地域を対象に二〇二四年の「報道の自由度ランキング」を発表した。ウクライナは六一位。二二年の一〇六位、二三年の七九位から、戦時下にもかかわらず大きく順位を上げていることに驚く。ちなみに日本は七〇位でウクライナに逆転され、ロシアは一六二位と最低グループにある。

私は、メディアにかかわる一人として、戦争のまっただ中で、ここまで報道の自由が重視されていることに大きな感銘を受けた。二回の民衆革命を経てウクライナに市民社会がしっかり根づいてきたことをうかがわせる。

笑いも〝戦い〟になる「ニューノーマル」

ロシアの侵攻後に流行っているものにスタンダップ・コメディがある。日本の漫談のような一人で行う即興話芸で、現大統領のゼレンスキーもかつてはコメディアンとして、観客の前で話芸を披露していた。いま芸能の世界にも新たな波が見られ、戦争が笑いのネタになっている。

人気コメディアンの一人、アントン・ティモシェンコのロシア侵攻直後のネタから――

「ドイツが『ウクライナに武器を供与したいのはやまやまだが、十分な量がない』と言っているらしいね。そしたら、うちのおばあちゃん、『ウソだよ、あいつらいっぱい武器を持ってるの、あたしゃこの目で見たんだから』って」

「うちのおばあちゃん」は、かつての独ソ戦を生き抜いたという設定だ。第二次大戦で人口の四分の一が犠牲になる悲惨な体験を強いられたウクライナでは、かなりのブラックジョークである。

ではもう一つ――

「マインドフルネスとかヨガで『いま、ここ』の瞬間を生きる修行をしたいって？それならタイやバリ島なんかに行くより、ウクライナにいらっしゃい。なにせロシアが激しく爆撃してくれるんで、全員がつねに一瞬一瞬を生きるしかないんだ」

格好の笑いのネタにされるのは、まずロシアやプーチン大統領だが、国連、バイデン大統領、赤十字やNGOもこき下ろされ、ゼレンスキーを含むウクライナの政治家までもが容赦なく笑いのめされる。コメディアンたちは、「戦時下のいま、なぜコメディーなのか」とよく尋ねられるという。それに対してある芸人は「戦争下だからこそ、笑うことで正気をとりもどし、楽観的になって抵抗を続けていける」という。観客にとって笑いは「感情のチャージ（充電）」「傷ついた心への薬」。戦争の現実に押しつぶされそうになる自分を笑いで支えるのも、戦時下の「ニューノーマル」のようだ。コメディアンたちは笑いを必要とする人に届けることを自分たちの「戦い」と捉えており、ボランティアで学校や避難所で演じるほか、兵士を慰問するため前線にまで赴いている。

国民統合に寄与したサッカー

スポーツも市民の大きな楽しみの一つだ。ロシアではサッカーとホッケーが人気を二分するのに対して、ウクライナでは断トツにサッカーが人気ナンバーワン。かつてはソ連の代表選手の多くがウクライナ出身だったという。独立後、社会が混乱して厳しい生活を強いられた人々にとって、サッカーは最大の楽しみだった。二〇〇六年にはワールドカップに初出場し、ベスト8に進出。このとき多くの市民が、ようやく国際社会の一員になれたと実感したという。戦時下の今もサッカー熱は衰えない。

サッカーはどの国でも地域主義が色濃く、ウクライナでも熱狂的なサポーター同士の暴力沙汰が珍しくなかった。だが興味深いことに、政治に先んじて、ウクライナの地域分断を超克し国民的一体性を達成しようとする動きを作ったのはサッカーだった。※5

ウクライナが直面してきたEUかロシアかという地政学的な選択に関しては、西部および中部の住民はEU寄り、東部および南部の住民はロシア寄りという傾向があった。一方、世代間にも大きな違いがあり、若い世代ほどヨーロッパ志向が強い。マイダン革命につながる二〇一三年一一月以降のキーウ独立広場の抗議集会には、各サッカーチームの若いサポーターたちがチーム旗を持って参加し、その一部は火炎瓶を手に治安部隊と最前線で闘った。チームは違っても、ともにマイダン革命に参加したことが、サポーター同士の連帯感を一気に高めた。

ウクライナ事情に詳しい服部倫卓氏は、マイダン革命を経た二〇一四年五月、キーウで二〇一三／一四シーズンのリーグ戦最終節であるディナモ・キエフ対ゾリャー・ルハンスク戦を現地観戦した。ドンバスでは「ルガンスク人民共和国」という名のロシアの傀儡国家の樹立が宣言され、政府と親ロシア分離主義勢力とが戦闘を繰り広げていたころだったが、サッカー場には地域分断を乗り越えようとする愛国的な雰囲気が流れていたという。

「ルハンシク（以下の引用文中、ルガンスクはルハンシクと記されている——筆者注）といえば、『親ロシア分離主義』で知られる地域にほかならないが、この会場に詰めかけた数十人のルハンシク・サポーターは、黄・青のウクライナ国旗をまとったり、あるいは『ルハンシクはウクライナである』と書いた横断幕を掲げたりしていた。試合中にキエフとルハンシクのサポーターがエールを交換し合うなど、ドンバスの戦場とは対照的な、友愛とウクライナ愛国心に溢れた光景がそこにはあった。試合開始前に国歌が斉唱されたのはもちろんのこと、試合中にも観客が自然発生的に国歌を歌い始め（全員が起立する）、試合後にも国歌が流されたため、つごう三回も国歌を聴くことになった」

サポーターは国内各地を転戦することで、言語による障壁や「東西分裂」などのプロパガンダが事実に反することを理解し、ヨーロッパの国際大会にウクライナ国旗を掲げて参戦する代表チームを応援することでさらに国民意識が涵養《かんよう》されていった。マイダン革命後のドンバス戦争では、血気にはやる熱狂的サポーターたちは戦場に駆けつけ、政府軍を支援して分離主義勢力と戦った。サポーターの志願兵部隊の勇敢な戦いぶりは今も人々に語り継がれている。

通訳のユーリーは、故郷の名を冠したひいきのチーム「FCシャフタール・ドネツク」の試合のチェックを欠かさない。ドネツクのあるドンバス地方は炭田で知られ、「シャフタール」は炭鉱労働者を意味する。欧州チャンピオンズリーグで闘う強豪で、昨年一二月には来日して「アビスパ福岡」と一万八〇〇〇の観客の前でチャリティ試合を行った。

シャフタールの本拠地ドネツク市は、二〇一四年以来親ロシア分離主義勢力に支配され、現在はロシア軍が支配する。本拠地を失ったシャフタールは拠点をポーランドに移し、主力の外国人選手のほとんどが

良いプレーをして兵士を励ましたいと語るシャフタールの選手（NHK国際報道2023より）

退団するなど困難を乗り越えながら健闘している。ウクライナの人々は、欧州のリーグに参戦しているウクライナの代表シャフタールの闘いぶりを自分の身に重ね、試合結果に一喜一憂する。

選手たちは日本での記者会見でこう語っていた。

「戦争中のウクライナでは毎日人が死んでいます。きのうもチームのスタッフが前線で亡くなりました。とても苦しい。でも、よいプレーを見せ、兵士にモチベーションを与えていきたい」

悲惨な戦争から日常を取り戻すためにサッカーが必要だと思い、今も熱心にそれぞれのチームを応援する人々がいる。あるサッカー選手は、こうした声に「この戦争での私の使命は、サッカーで人々を笑顔にすること」と語る。

銃を持って前線に行くことだけが戦いではない。「シャフタール」の選手にとっては、祖国と兵士たちをサッカーで励ますことが自分たちの「戦闘」なのだ。

ウクライナでは、戦地で戦う兵士だけでなく、銃後の多くの市民が、自分の持ち場で、得意な技能で、やれることを探しながら前線の兵士たちを支援し、ロシアに対する抵抗に貢献しようとしていた。

※1　「ＬＩＮＥ」や「Messenger」のように、メッセージのやり取りや通話ができるアプリ。セキュリティー性の高さから世界中で利用されている。

※2　この推定犠牲者数はきわめて過小と考えられる。ヒューマン・ライツ・ウォッチは集団墓地などの分析から二〇二二年三月から二〇二三年二月までにドネツク州マリウポリだけで少なくとも一万二八四人が死亡したと推定したが、これ自体が過少カウントであると想定している。"Beneath the Rubble Documenting Devastation and Loss in Mariupol" Human Rights Watch, February 8, 2024. (https://www.hrw.org/feature/russia-ukraine-war-mariupol)

※3　「パウロ・パリサ・ウクライナ陸軍第93独立機械化旅団『ホロドニー・ヤル』指揮官　将校にはバランスの取れた攻撃性と賢明なリスクに対する準備があるべき」Ukrinform、二〇二四年七月二六日付。(https://www.ukrinform.jp/rubric-defense/3889143-pauroparisaukuraina-lu-jun-didu-li-ji-xie-hua-lu-tuan-horodoniyaru-zhi-hui-guan.html)

※4　「戦時下に新法…ウクライナのメディア規制　ゼレンスキー大統領の汚職を掴んだら…報道はどうするのか」ＴＢＳ「報道１９３０」、二〇二三年三月二一日放送。(https://newsdig.tbs.co.jp/articles/-/409850?display=1)

※5　以下、服部倫卓・北海道大学教授の「ウクライナの国民形成とサッカー」(二〇一五、『地域研究』一六(一)六二—七六頁)を引用、参照した。

第13章　傷を負いながら抵抗を続ける

ロシア軍をくいとめたウクライナの士気の高さ

子どもが3人以上いる場合は兵役を免れるが、写真の父親もいつ前線に送られるか分からない。キーウの公園にて

長引く戦争はウクライナの社会と人々にとてつもない苦難と犠牲を強いている。日々、暴力が多くの人々の命を奪い、心身を傷つける。生活基盤が破壊され、これまでの日常が断絶される。しかし、それにもかかわらず、人々は抵抗を続けていた。

一昨年、ロシアの大軍が国境を越えて押し寄せると、ウクライナでは避難する住民の波が起きた。前線から少しでも離れた町へ、さらには外国へと逃げ惑う人々で、鉄道の駅やバスターミナル、ポーランドやルーマニアなど隣国との国境検問所に人々が殺到した。

その一方で、自ら戦いたいとウクライナ全土の志願兵の登録所には長い列ができた。私が前線で会った兵士たちも、自分が戦う意味をはっきりと自覚し、祖国が蹂躙されるのを黙ってみておれないと志願した者が多かった。入隊を志願したなかには女性も少なくなかった。今では前線で戦闘任務についている女性は一万人以上に上り、その数はロシア侵攻当初と比べると倍になっているという。女性は戦時動員の対象外だが、非戦闘分野を含めると、六万七〇〇〇人以上の女性が軍に勤務している[※1]。

市街戦に備え、道路上に砂嚢を積み上げる作業に高齢者も汗を流し、学校では母親たちが集まって火炎瓶を手作りする光景が見られた。当時まだ欧米からの本格的軍事支援がなく弱体だったウクライナ軍が、軍事大国ロシアの進撃を食い止めることができた大きな要因は、国民と兵士の士気の高さにあった。

長引く戦争で増える犠牲者

侵攻開始と同時にウクライナは戦時体制となり、全国に戒厳令と総動員令が発動された。一八歳から六〇歳までの男性は出国が禁じられ、軍への動員も始まった。当初三五万人とされたウクライナ軍は約一〇〇万人へと増強された。しかし戦争が長引くなか、兵士の犠牲は増え続けている。

今年二月、ゼレンスキー大統領は戦死した兵士の数を三万一〇〇〇人と初めて公表した。負傷した兵士の数は公表されなかったが、この数倍になるとみられる。ちなみに、アメリカ政府は昨年八月時点で、ウクライナ兵の死者は七万人、負傷者は一二万人に上ると推定していた。発表された数字の信憑性については確認できないが、親戚や友人の訃報が伝えられたり、有名なスポーツ選手や俳優が戦死するニュースが報じられるたび、市民たちは戦闘の厳しさを感じている。

イギリス議会前の広場に展示された487は、ウクライナ人アスリートの犠牲者の人数を示す（ANNニュース7月25日放送より）

七月、ロシアのウクライナ侵攻後初めて開かれるパリ・オリンピックの開催に合わせ、ロシア侵攻で亡くなったウクライナのアスリートを追悼する催しが世界各地で開かれた。ロンドンのイギリス議会前の広場には、スケート靴や柔道着、ラケットなど競技用具のオブジェと四八七の数字が展示された。アスリートの犠牲者が四八七人に上ることを示している。現在、四〇〇〇人以上のウクライナ人アスリートが前線で戦っているという。

北京五輪のレスリングのウクライナ代表、オクサナ・ラクラさんは、アスリートはまともな練習ができなかったと苦境を訴える。

「常に頭上をロケット弾が飛び交う状況で練習していました。多くのスポーツ施設が破壊され、練習場所がなくなって国を離れたアスリートも多い。彼らが国を代表して世界の舞台で戦えるのは、不屈の精神によるものです」

そのため、ウクライナの代表選手は、独立以来、夏季オリンピックとしては最も少ない一四〇人となった。厳しい環境のなかでも、代表選手たちは、自分たちのプレーでウクライナの人々を元気づけたいと語っていた。

兵士らの疲弊と動員逃れ

前線では兵器や弾薬が足りないだけでなく、兵員の数もロシアに圧倒されている。プーチン大統領は、六〇万人のロシア兵がウクライナ領内で戦っていると語っていた。一方、ゼレンスキー大統領は今年一月、ウクライナ軍の現有兵力を八八万人と発表したが、前線にいるのは三〇万人にとどまる（ポドリャク・ウクライナ大統領府長官顧問）。しかも、その前線の兵士たちの多くはロシアの大規模侵攻以来、軍務を解かれることなく、疲弊していることは私の取材でも明らかだった。

国軍は、戦場で失った兵員を補充する必要に迫られているが、今新たに軍に志願する人はほとんどいない。逆に、軍への動員を逃れようとする兵役忌避の増加が社会問題になっている。英BBCウクライナ語放送によると、二二年二月から昨年八月までの一年半の間に約二万人がルーマニア、モルドバ、ポーランドなど隣国との国境を違法に越えた。

戦争への動員を免れ得る男性は、原則として、医療上の問題がある、介護の責任を負っている、三人以上の子どもがいる、のいずれかに該当する人のみ。ウクライナ政府によれば、出国を試みて当局に捕らえられた男性が二万一一一三人に上り、半数以上の一万四三一三人は、歩くか泳ぐかして国境を越えようとし、残りの六八〇〇人は、疾病証明など不正に入手した公的書類を使って出国しようとしたという。※2

兵役忌避者に便宜をはかる汚職事件が相次ぎ、ゼレンスキー大統領は昨年夏、すべての州で、兵役対象者の召喚を担当する軍事委員会の責任者を一斉に解任した。うち三〇人以上が刑事責任を問われたことに事態の深刻さがうかがえる。

軍への動員は経済をも直撃する。戦時下で、ただでさえ厳しい経営を迫られるなか、働き盛りを軍隊に取られれば、産業界にとってはさらに打撃となる。経済を回すことができなければ市民の暮らしも戦闘の維持も難しくなるため、政府は苦しいかじ取りを迫られている。

兵士の妻たちが政府に不満をぶつける

首都キーウでは昨年一〇月以降、政府に不満をぶつける女性たちのデモが定期的に行われている。前線で戦う兵士の妻や母親が、「夫や子どもが無期限で戦地に派遣されているのは人道に反する。兵士の除隊時期をはっきり示せ」と声を上げているのだ。いったん軍に入隊すれば任務は「戦時体制解除まで」、つまり事実上戦争が終わるまでとなる。負傷など特別な事情がないかぎり、兵士は軍務を続けなければならない。それは酷すぎると兵士の家族が立ち上がったのである。

二月にデモに参加したユリア・イフナチョクさん。夫は、ロシアによる侵攻を受け、軍に志願し、そのまま戦地に行ったきりだという。

Q：夫が志願したとき止めようとしなかったのは？

ユリアさん：夫が私と息子そして国を守ろうとしていることが、私には分かっていたからです。私たちはウクライナの降伏や停戦を呼びかけているわけではありません。この戦いは続けるべきだと考えています。ただ、最初から戦っている夫たちを交代させるべきだと訴えているのです。彼がこの国のために戦っている間、夫の権利を訴え続けるつもりです。

これは反戦デモではないとユリアさんは言う。彼女らは、ロシアとの戦闘を続けていくためにも、兵士の兵役期間を区切って交代させよと政府に要求しているのだ。戦争が長びくなか、こうした不満が出てくるのは当然である。

キーウで兵士の家族がデモ[※3]

なお、ウクライナはいま戒厳令下でデモは禁止されているのだが、こうした抗議行動が弾圧されることはない。この点、SNSに政権批判を書いただけで拘束されるロシアとは大違いである。

兵員不足を補うために戦時動員を強化

政府は今年になってようやく、兵員不足に対応する法律の改正に踏み切った。四月二日、ゼレンスキー大統領は、戦地への動員対象者の年齢下限を二七歳から二五歳に引き下げる法律に署名した。最高会議はすでに昨年五月末に法案を可決していたのだが、国論を二分するデリケートなテーマであり議会内外

軍の墓地で戦死した息子の墓にすがりついて泣く母親。戦争は実質10年以上続いており、戦闘の犠牲者は増え続ける。ウクライナ・ドニエプロペトロフスク州で（撮影クレ・カオル）

で議論が続いてきた。それがようやく公布にいたったのである。[※4]

さらに動員逃れが増えるなか負担の公平を目指すとして、ゼレンスキー大統領は軍の動員をより厳格にする改正法案にも署名し、五月一八日発効した。改正法では、動員逃れを防ぐために、一八歳から六〇歳の男性は国外に住む場合も含めて、住所や連絡先などの最新の個人情報を二カ月以内に軍に登録することが義務づけられた。ただ、改正案には当初盛り込まれていた、動員された兵士が三年で除隊となる規定が削除され、先のデモで掲げられた「除隊時期を示せ」との要求には応じていない。世論調査では、この改正法には過半数が反対（支持する三四％、支持しない五二％）であり、国民の間に同法への不満があることがわかった。その大きな要因は除隊規定がなかったことにある。

改正法による登録期限を迎えた七月一七日時点で、登録を終えたのは四六九万人。対象とされるおよそ一一〇〇万人の半数以下だった。ロシアに対する戦争が必要なことは理解するし、前線で戦っている人たちを尊敬もするが、自分自身が兵士になって戦うのは嫌だという思いの人が多いという。死なないまでも深刻な負傷を被る兵士は多い。厳しい戦況を見れば、兵役を忌避したくなる気持ちも理解できる。

心身を傷つけられる兵士

膠着した戦線で激戦がつづくなか、体の一部を失う負傷兵の数が急増している。ウクライナ保健省によると、二〇二三年前半だけで一万五〇〇〇人が腕や脚を失ったが、そのほとんどは兵士など軍関係者と推定される。

精神を病む兵士も少なくない。戦争は言うまでもなく殺し合いであり、究極の異次元体験である。さっきまで隣にいた戦友が、次の瞬間にばらばらになった死体と化す。こうした日々が続けば、過剰なストレスにより日常に戻れなくなると多くの兵士が証言する。負傷して戦場から帰還した兵士が、以前とは違った人格になったり、うつが高じて自殺したり、配偶者や家族との関係がうまくむすべなくなるなどの事例も数多く報告されている。

ウクライナの映画監督、アリサ・コヴァレンコ（三六）は、二年前、ロシアの侵略で志願兵になることを選び、前線の戦いを体験した。彼女は言う。

「実際の最前線には英雄的なものなど何もありませんでした。一カ月も同じ塹壕の中にいて、そしてある日突撃して、爆弾が落ちてきて死ぬ。これが最前線の日常でした。心の中に深い穴ができた」。その体

験をもとに戦場のリアルを描く映画を製作中だという。※5

むしばまれる子どもたちの人生

ウクライナでは戦争の影響を受けていない市民はいないが、とくに懸念されるのが子どもたちだ。全土の一万二〇〇〇校以上の学校のうち、七校に一校が何らかの被害を受け、多くの授業をリモートに切り替えざるをえなくなっている。対面授業をしていても、空襲警報が授業を中断させる。避難のため転校を繰り返す子どももいる。

戦争は学力にも影響を与えている。OECD（経済協力開発機構）が実施した二二年一〇月の国際学習到達度調査（PISA）によると、ウクライナの子どもたちの「読解力」は、一八年より大きく下がったという。

家族や親戚を亡くしたり、爆撃で被害を受けるなどの心理的打撃のほか、環境の激変による自分の将来への不安などにより心のバランスを崩しやすくなっており、子どもたちには特別な精神的ケアが必要とされている。

県立こども病院（安曇野市）の後藤隆之介医師らの研究チームは、ウクライナの子どもの心が深く傷ついている実情を明らかにした。二〇二三年五～六月、ウクライナ全土の学校にインターネットを通じて協力を呼びかけ、一五歳以上の若者計一万二〇〇〇人余の参加で実施した調査では、PTSDスクリーニング陽性が三五％、うつ病は三二％、不安障害は一八％に上り、他国の同年代の有病率に比べてきわめて高かったという。[※6]これらの悪影響は戦時中のみならず終戦後も続く可能性があると後藤医師は懸念する。

国民は勝利を信じて戦い続ける

調査機関「キーウ国際社会学研究所」は、①「できるだけ早く平和を達成し、独立を維持するために、ウクライナは領土の一部を放棄することができる」と②「たとえ戦争が長期化し、ウクライナの独立が脅威にさらされるとしても、ウクライナはいかなる状況においても領土を手放すべきではない」のいずれかを選ぶ世論調査を続けてきた。

後者の領土を放棄せずに戦争を継続すべきだとする意見は次第に減って来ており、五月に実施した結果は五五％で、昨年一二月の七四％、今年二月の六五％から大きく減少し、これまでの最低を記録した。一方前者は三二％と三割を超え、二月の二六％から六ポイント上昇している。

ウクライナでは事実上二〇一四年から戦争がつづいている。身内の死の恐怖や避難生活の苦悩の中にそれだけ長くいれば「もう領土の一部を譲ってもいいからこの状態から脱したい」と思うのは人情だろう。この世論調査の結果はたしかに「戦争疲れ」や厭戦気分を示しているのだが、同時に今なお②を支持する人が過半数いることに抗戦意志の強さが見える。また、①には選択肢があり、平和のために受け入れられるシナリオについて尋ねたところ、回答者の六二％が「(ロシアを刺激する) NATO加盟を伴わないEU加盟と、すべての占領地の回復」というなら受け入れられると答えた。二番目に多い支持を集めたのは、クリミア半島とドネツク州、ルハンスク州の支配権は事実上譲り渡すものの、ヘルソン州とザポリー

図1　ウクライナがロシアを撃退できるとどの程度信じていますか？

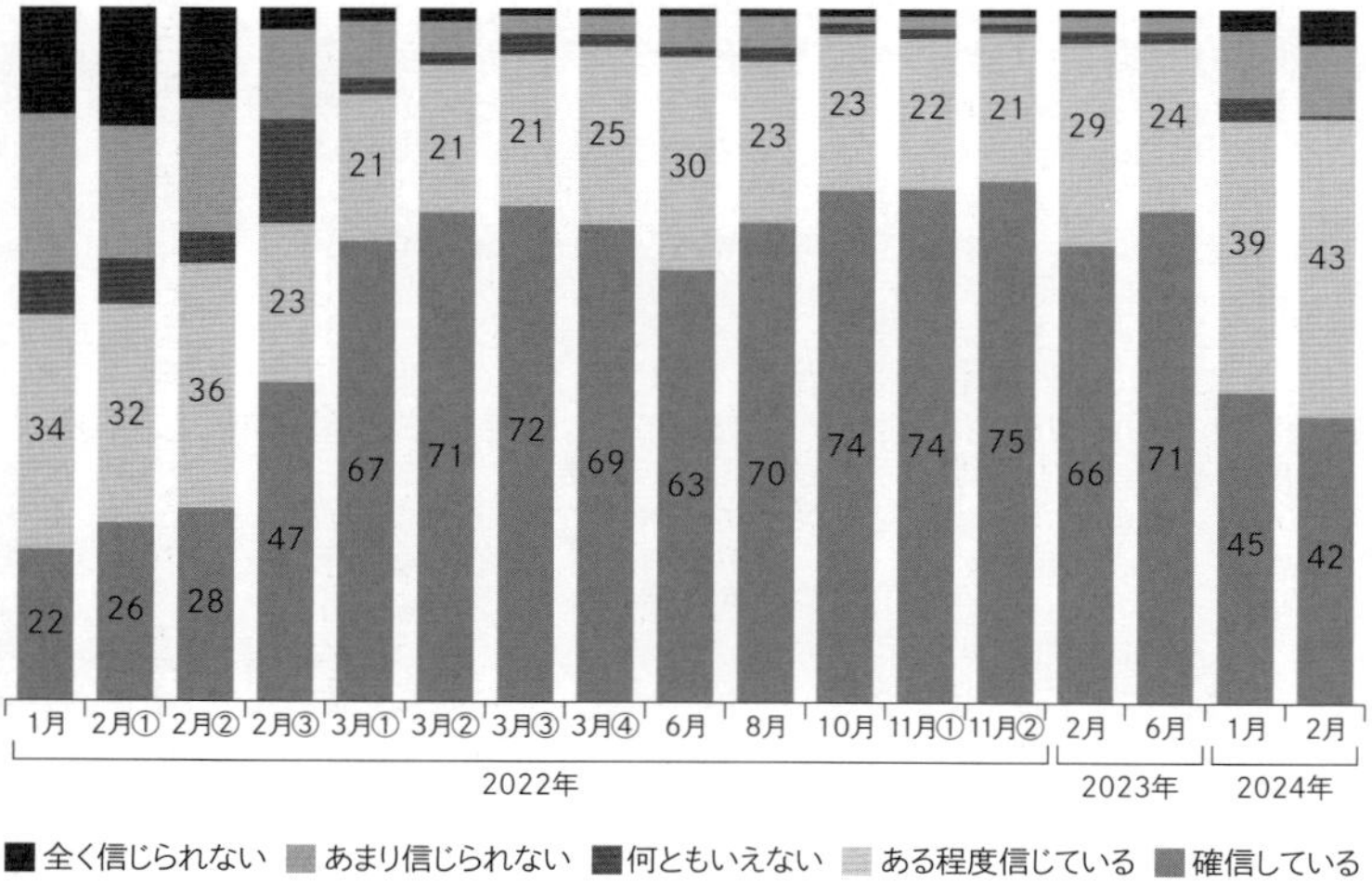

出典：「ウクライナ・プラウダ」調査（2024 年 2 月 19 日）をもとに作成

別の調査（「ウクライナ・プラウダ」2024年2月19日）で「ロシアの攻撃を撃退することをどれだけ確信しているか」を聞いた結果。「完全に確信している」が■、「ある程度確信している」が■で、今年になって下降しているものの、依然、高率で勝利を信じている

ジャ州は完全に取り戻し、ＮＡＴＯとＥＵの両方に加盟する案で、五三％だった。あくまで平和を達成し、独立を維持することが前提であり、ロシアに屈服する選択肢はウクライナ人にはない。

　実際には、ロシアの目的がウクライナを「取り戻す」すなわち従属させることにあるかぎりは、ウクライナが降伏しないかぎり、和平を実現する可能性はない。だが、降伏という選択肢は圧倒的多数の国民が肯《がえ》んじないだろう。

「ロシアの攻撃を撃退することをどれだけ確信しているか」

　これは社会学調査グループ「レイティング」の世論調査の質問だが、この回答の推移は、ウクライナの人々の抗戦意識を示して興味深い。まず二〇二二年二月のロシアの全面侵攻前は、ウクライナがロシアの攻撃を撃退することなど「信じられない」が四割近かった。当時のウクライナ軍の弱体ぶりは知れわたっていたから悲観論に陥るのも当然だろう。ところがロシア軍が実際に侵攻し、これに軍民一体となって抵抗するなかで、撃退できると「完全に」または「ある程度」確信する人が急増。同年九月以降のウクライナ軍の大反攻を受けて一〇月には九七％が撃退できると確信するにいたる。しかも「完全に確信」が七四％を占めた。それが今年になって、二年も続く戦争に疲弊するなか、次第に「確信」の度が低くなってきている。それでも今年二月の時点で、ロシアの攻撃を撃退できると信じている人が八六％もいることに注目したい。ただし、国際的支援なしに勝利できると信じる人は一九％だという。※7

私自身は、現地で取材するなかで、この侵略戦争を話し合いで解決したいとの声を市民からも兵士からも聞くことはなかった。ウクライナには、今の厳しい状況においてさえロシアとの和平交渉を求める機運はほとんどないという印象だ。

戦場で怪我をして家族のもとに戻った兵士が、傷が治るや再び戦場に復帰したというケースをよく聞く。近畿地方に住む私の知人は一昨年、ウクライナ支援のNGOを立ち上げ、四肢を失った負傷兵を日本に受け入れ、義肢を作成して社会復帰に向けたリハビリを行っている。このプロジェクトで来日した男性が、片腕を失ったにもかかわらず、ウクライナに戻ったらまた義手で戦うと言って知人を驚かせた。本書「はじめに」冒頭に挙げた写真に写る負傷兵も、治療のあと戦闘に復帰したという。

ロシアへの抵抗を支えているのは、ウクライナ人一人ひとりのこうした不屈の精神なのである。

※1　七月一一日、ウクライナのステファニシナ副首相がＮＡＴＯの女性リーダーシップに関する公開フォーラムで明らかにした。（「ウクライナで女性兵士倍増…1万人以上が最前線で戦闘任務に」日テレＮＥＷＳ ＮＮＮ、二〇二四年七月一二日放送。）

※2　「徴兵逃れでウクライナから開戦後に2万人が脱出　川を泳ぎ、暗闇に紛れ……」ＢＢＣ ＮＥＷＳ、二〇二三年一一月一八日。（https://www.bbc.com/japanese/features-and-analysis-67447774）

※3　『兵士たちは奴隷ではない』帰りを待つウクライナ家族の訴え、軍事侵攻から2年　ロシア国民はいま何を…」ＴＢＳ「報道特集」、二〇二四年二月二四日放送。

※4　徴兵（一八～二七歳）と戒厳令下の戦時動員とは別。これまでは徴兵年齢であっても、二七歳未満は戦時動員の対象にならなかったが、新法では二五歳以上を戦地に送ることが可能になる。

※5　ＮＨＫ「国際報道」四月三日放送。

※6　「ウクライナの若者、戦争で心の傷深く　3割以上がうつ病やＰＴＳＤか、長野県立こども病院医師らが調査」信濃毎日新聞、二〇二四年三月二六日付。（県立こども病院のＨＰは https://nagano-child.jp/topics/18210）

※7　"Rating Monitoring, 26th wave: Social and political attitudes of the population (February 10-11, 2024)" Rating, February 19, 2024. (https://ratinggroup.ua/en/research/ukraine/reyting_monitoring_26-ta_hvilya_2024.html)

第14章 ウクライナ独立への希求

ウクライナはながく独立した国家を持つことができなかった。それにもかかわらず、現在は強い国民的アイデンティティのもと、ロシアの侵略に抵抗しながら、独自の国づくりを進めている。

そのアイデンティティを支える大きな柱の一つは民族の歴史の記憶である。ウクライナは二〇〇六年、「国家記憶院」という政府機関を創設、民族独立の視点から歴史を再構成している。

キーウ・ルーシの継承者を自負するウクライナ

記録されたウクライナの歴史は、九世紀から一三世紀にかけて存在した「キーウ・ルーシ」にさかのぼる。キーウ・ルーシは、現在のウクライナ人、ロシア人、ベラルーシ人などの共通のルーツである東スラブ人が中心の国家連合だった。一三世紀半ばにモンゴル帝国に侵略されて滅亡するが、キーウ・ルーシを構成していた一公国、南西部のハーリチ・ヴォルイニ公国は生き延びた。ユネスコの世界遺産でもあるリヴィウの町を建設し、モンゴルの侵略後百年近く存続したものの、一三四〇年代にリトアニアとポーランドに併合される。このころ以降、東スラブ民族はロシア、ウクライナ、ベラルーシの各民族に分化し、それぞれの言語や文化を育んでいった。※1

「トルィズーブ」（三叉の鉾）は9世紀から13世紀に栄えたキーウ・ルーシ（キエフ大公国）の時代のヴォロディーミル1世の紋章に由来する

ロシアでは、消滅したキーウ・ルーシの後継国家はモスクワ大公国およびその後のロシア帝国であるとされ、ウクライナの歴史はロシア史の一部とみなされてきた。

これに対しウクライナでは、ロシアは一六世紀になって自国を偉大な歴史と結び付けるためにキーウ・ルーシに国の起源を求めるようになったとし、キーウ・ルーシの正当な継承者はハーリチ・ヴォルイニ公国、そしてコサックと彼らがつくった自治国家としての「ヘトマン国家」（第6章参照）であり、それが「ウクライナ国民共和国」を経て、今の独立ウクライナへとつながってきたとする。短命に終わったものの、ウクライナ国民共和国はたしかに独立国家として存在した。その記憶は、ソ連時代にも人々の心の底に生き続けてきた。

現在の独立ウクライナは、「ウクライナ国民共和国」の後継者であることを自覚し、一九一八年に中央ラーダが定めた国歌、国旗や国章の「トルィズーブ」（三叉の鉾※2）をそのまま採用している。

国民共和国と農民蜂起がレーニンを変えた

ボリシェビキの指導者、ウラジーミル・レーニンは、はじめ連邦制には反対だった。しかし、ウクライナ国民共和国建国に見られる民族運動の高揚やネストル・マフノ軍による農民蜂起などの動向を見て、より慎重に民族問題に向き合うことにより、立場を転換してソビエトを民族共和国から成る連邦制の国家とした。このため、ウクライナ・ソビエト社会主義共和国という、形式的ではあっても、自治権をもつ国家ができたのである。

一九一七年以降のウクライナ独立を目指す運動と戦いは、誕生したばかりのソ連のあり方、その後のソ連の民族政策に大きな影響を与え、そして一九九一年、ウクライナなどソ連構成民族共和国が独立することでソ連は崩壊した。こうして、ウクライナ人の強い独立への希求は、東欧全体の歴史を形成する重要な要因になってきた。[※2]

ソ連との戦争とウクライナの領土的統合

一九三九年八月二三日に独ソ不可侵条約が結ばれ、その秘密協定で両国はポーランドを解体して折半することを決めた。九月一日ドイツはポーランドに侵入し、第二次世界大戦が勃発。ソ連は九月一七日に国境を越えポーランドの東半分を占領し、ウクライナ・ソビエト社会主義共和国に編入した。ここに歴史的に分断されていた西部ウクライナが「再統合」された。

一九四一年六月二二日、ドイツ軍は不可侵条約を破って突如ソ連領内に侵攻、独ソ戦が始まり、一〇月中にはウクライナのほとんどを占領下に置いた。これがウクライナ独立を目指す運動をふたたび活性化させる。二九年に創設されたOUN（右翼のウクライナ民族主義者組織）はドイツと連携して独立国家建設に動いた。ドイツはOUNを対ソ連の戦いに利用したが、四一年六月三〇日にOUNがリヴィウで独立宣言を発するとドイツはこれを弾圧。民族主義者は地下に潜り、UPA（ウクライナ蜂起軍）に結集してソビエト軍とドイツ軍の両方と戦いながら終戦を迎えた。

UPAによるソ連に対する抵抗は執拗で、パルチザン型戦争を一九六〇年代初頭まで続けたほどだった。戦後、ソ連邦の下ではウクライナ語の使用もふくめ民族意識の高揚に関わる活動は抑圧され、民族主義者とみなされた人とその家族五〇万人がシベリアなどへ追放されている。

クリミア半島で戦後の枠組みを決めるヤルタ会談が開かれ、ソ連が奪ったポーランド東部はほぼそのままウクライナ領となった。皮肉なことにソ連のおかげで、数世紀ぶりに歴史的・民族的ウクライナの地を一つの国家の枠内で統合することができたのである。

戦後、国際連合が創設されると、ウクライナはベラルーシとともに、ソ連とは別に独自に国連に加盟することになった。

ペレストロイカから独立へ

ウクライナとロシアの関係に目に見える形で亀裂が走ったのは、一九八六年四月二六日にチョルノービリで起きた世界最悪の原発事故の処理をめぐってだった。ゴルバチョフがソ連共産党書記長になって一年、守旧派の勢力はまだ強力で、党中央は事故を隠蔽するため情報を厳しく統制した。事故処理にはもっぱらモスクワが当たり、ウクライナは国家・党の幹部さえ蚊屋の外に置かれた。情報を与えられない市民はパニックとなり、五月五日夜にはキーウ駅構内に切符を求める市民が詰め掛けて夜を明かし、六日には銀行の取り付け騒ぎが起きた。ソ連共産党中央は、「キエフ市の汚染状況は子どもを含めた住民の健康に危険をもたらすものではない」と平静を訴えたが、その直後の五月八日、ウクライナの指導部は当年度の学期を五月一五日で終了とし、全学童をキーウから避難させると決定する。※3 ウクライナの共産党と政府のトップが、ウクライナの国民を守るため、ソ連中央＝モスクワに公然と逆らったのである。

ペレストロイカの機運の中、一九九〇年七月一六日、ウクライナ・ソビエト社会主義共和国の最高会議(国会)は「ウクライナの国家主権に関する宣言」を採択した。ここでヨーロッパの諸機関に参加する意思を有することが明記され、完全独立の前ではあるものの独自外交を進める方向性が示されている。九一年八月のモスクワにおける保守派クーデター失敗後、同月二四日にウクライナ最高会議は独立を宣言、この独立は同年一二月一日の国民投票で九二・三％の国民の支持を得た。東部のドネツク州で八三・九〇％、ルハンスク州で八三・八六％、クリミアでも五四・一九％とすべて州で過半数の支持を得ている。こうしてウクライナは悲願の独立を果し国号を「ウクライナ」とした。※4

当時ソ連を構成するロシア共和国のエリツィン大統領は、この投票結果に驚愕し、急遽同月八日、ゴルバチョフ・ソ連大統領には知らせずに、ロシア、ウクライナ、ベラルーシのスラブ三国首脳による会談を開く。ここでソ連の消滅が宣言された。ウクライナの独立が最後の引導を渡すようにしてソ連は崩壊、同月二五日、ゴルバチョフ初代ソ連大統領が辞任を表明した。

ソ連邦の中にあって完全な独立国家でなかったとはいえ「ウクライナ・ソビエト社会主義共和国」が人々の一体感をつなぎ止め、また現在の領土を形作ったことが基礎となってウクライナの独立が実現している。

独立したウクライナは、面積約六〇万平方キロ、人口約四五〇〇万人。国土面積は欧州最大のフランス（六三万平方キロ）に肩を並べ、人口は欧州第五位のスペイン（四六〇〇万人）に次ぐ。ウクライナは面積、人口では欧州有数の大国として独立主権国家の道を歩み始めた。

国民統合を促したロシアの介入

独立は達成したものの、そこには厳しい試練が待っていた。ソ連の工業先進地であったウクライナだが、工業製品の多くは付加価値の低いもので国際競争力を持たず、「オリガルヒ」と呼ばれる新興財閥による政財界支配のもと、経済改革は遅々として進まなかった。ウクライナは、ソ連解体後のマイナス成長が旧ソ連諸国の中で最も長く続き、九〇年代末期の経済規模は、独立前の四一％にまで縮小。二〇一三年時点での国民一人当たりの名目ＧＤＰは三九二九ドル（ＩＭＦによる）で、ＥＵ諸国の最下位のブルガリア（七三二八ドル）のほぼ半分、ロシア（一万四五九一ドル）の四分の一で、欧州の最貧国の一つに転落していた。

そのウクライナにロシアからの圧力がのしかかる。ロシアはウクライナへの影響力を維持しようと、さまざまな手段で政治に介入してきた。ウクライナ経済のロシアへの依存度は独立後も高く、二〇一三年にはウクライナの輸入に占めるロシアは三〇・二％でその半分は天然ガスだった。この関係をプーチンは政治的な武器とし、〇四年のオレンジ革命で親欧政権が誕生するや「ガス戦争」が起きる。ロシアは天然ガスの価格を上下させたり供給を一時ストップするなどしてウクライナの政策を動かそうとした。また、一〇年にはロシア黒海艦隊のクリミア・セヴァストポリ港駐留期限をガス価格の三〇%値下げと引き換えに延長する協定が結ばれた。この「ハリキウ協定」を結んだ当時のヤヌコーヴィチ大統領は、ロシアの圧力に屈した「国賊」として一四年のマイダン革命で倒されることになる。

汚職などの腐敗がはびこり失業が蔓延するなか、ウクライナは脱露入欧政策を進めた。しかし、石油・ガスの供給をロシアに依存する構造的な脆弱性を抱え、国づくりの方向をめぐって西欧とロシアの間で揺れ動き、政界も二分される。こうした混沌のなか、ロシアとの関係が密接な東部と西欧の影響が強い西部で、人々の意識に違いが生じた。

大統領選挙をとってみると、二〇〇四年、二回目の投票（決選投票）がオレンジ革命でやり直しになり、再度行われた選挙では、西部のハーリチで九〇%以上の票が、当選した親欧州派のユシチェンコに入ったのに対し、ドンバスでは同じ割合の圧倒的多数の票が、元ドネツク州知事で親ロシア派のヤヌコーヴィチに流れた。一〇年の大統領選挙でも、決選投票の票の開きは同様で、このときは親ロシア派のヤヌコーヴィチが親欧州派のティモシェンコに勝利している。

政争の過程で、親欧州派の政治家、オレンジ革命後のユシチェンコ政権は、エスニック（民族的）なナショナリズムに訴えた。例えば、かつてソ連に対抗するためにナチスドイツと協力した右翼的民族運動を称えるなどしたことは、東西の対立を拡大する結果をもたらした。また、マイダン革命後の暫定政権が、各地方の第二公用語を認めた言語法[※5]を廃止しようとしたことは、ロシア語を締め出す企てと受け取られ、親ロ派住民の反発を買った。革命後の民族主義の余勢を駆って右翼が乱暴狼藉《ろうぜき》をはたらく事件が各地で起きたりもした。ウクライナの課題は、エスニック（民族的）なナショナリズムだけに頼らず、シヴィック（市民的）な国民的アイデンティティで国を一つにまとめていくことだった。

ただし、地域による違いはとかく極端に描かれやすい。ウクライナ在住の日本人ジャーナリスト平野高志氏は、西端のハーリチと東端のドネツクの違いはたしかに大きいが、これを「ウクライナは東西分裂国家だ」と過大に描くのはロシアのプロパガンダだと警告する。「日本で言えば、沖縄県と北海道の住民だけを紹介して『ほら、南と北の住民は言葉も文化も食生活もこんなに違う、だから日本は南北分裂国家』というようなもの」で、こうした地域の違いは、ウクライナの国民としてのアイデンティティ形成に深刻な影響を与えるものではなかったという[※6]。

ウクライナ人の国民的アイデンティティと一体感を高めるうえで大きな役割を果たしたのは、皮肉にもロシアのウクライナに対する露骨な圧力、さらにマイダン革命後のクリミア、ドンバスへのロシアの介入と侵略だった。二〇一九年の大統領選では、ユダヤ人でロシア語話者であるゼレンスキーが決選投票で、七三・二%の得票で圧勝、リヴィウ地方をのぞく全地域でトップに立った。かつては著しかった地域による投票行動の違いが激減したのである。ゼレンスキーの政党「国民の僕（しもべ）」は独立後初めて、連立なしの一党だけで最高会議（議会）の過半数を得ている。また、欧州各国で極右が勢力を伸ばすなか、ウクライナでは極右民族主義の政治的な影響力はほぼ一掃されている（極右は議会に一議席しかもっていない）。

民族的ナショナリズムから市民的国民意識へ

ウクライナはロシアからの強烈な経済的・政治的干渉を二〇〇四年のオレンジ革命、二〇一四年のマイダン革命ではねのけた結果、市民の政治参加、ボランティアなどの互助活動が大きく広がり、自律的な市民社会の形成をもたらした。グージョン『ウクライナ現代史』はこう記している。

「戦争（マイダン革命後のドンバス戦争）が始まって最初の数カ月間、ボランティアの数の多さと多様な連帯活動、その組織力の強さから、市民社会はウクライナ人の大半から、国家のなかの国家と紹介されている。こう揶揄されるのも、市民社会に国家に代わる能力があることの証拠である。兵士たちへの個人的、集団的な支援は、国家を直接的に補佐していると見ることもできるだろう。しかし、市民たちは国家を信用せず、欠点を告発している。つまり彼らが支援しているのは国家ではなく、自分たちの国なのである」

「マイダン革命後の市民参加はまた、政治改革の分野（汚職撲滅、裁判、公開市場）にも関わっており、多くの組織が創設されている。国家レベルでは、革命の終わりに創設されたＮＧＯ連立「蘇生改革パッケージ」が十数個の組織と専門家グループを結集して、法案を策定し、議員に圧力をかけ、改革に関連する法律の採決や活用の監視にあたっている」（一四〇～一四一頁）

市民が「国家ではなく、自分たちの国」を支援していることは、第7章で紹介したボランティア、マックスが政府の汚職を激しく批判しながらも、祖国のためにロシアとの戦いを懸命に支えている姿に示されている。

NGOが政府に監視されるのではなく、逆に政党や政府を監視する活発な活動を展開している。ウクライナには多様な「市民社会の組織」が一五万件以上（二〇二〇年初頭現在）も登録されており、権威主義のロシアとは全く逆の国づくりを目指している。

市民社会が成長し成熟していく過程で、多様な地域、異なった民族や言語を抱えながら、ウクライナが一つの国民としてまとまる意識が育まれた。

二〇一九年に行われたNGOのシンクタンク「ラズムコフ・センター」の調査では、住民の大半の七五％が自分をウクライナ国民と思っているのに対し、自分が居住地の住民（たとえば「ドネツクの住民」）と思っている人は一六％にすぎない。二〇一三年の調査では、それぞれ五四・二％対三五・三％だったことを思えば、地域主義的な意識が弱まり、ウクライナの国民的統合、一体化が急速に進んでいることを示している。

ロシアの軍事的な干渉と侵略を受け、ウクライナはいま存亡の危機に立たされている。しかし、独立国としてのウクライナを滅ぼそうとするロシアの企ては、国民的アイデンティティの強化に大きく寄与している。ウクライナはエスニック（民族的）なナショナリズムを独立のエネルギーにしながらも、次第に市民社会をベースにしたシヴィック（市民的）な国民意識を形成し、国民国家建設の歩みを着実に進めているのである。

※1　ウクライナ語を含むそれぞれの民族語は一四世紀ごろ分化したとされる。
※2　平野高志『ウクライナ・ファンブック』（パブリブ、二〇二〇）一七六頁。
※3　ピアズ・ポール・リード著、高橋健次訳、吉井英勝解説『こうして原発事故は広がった　先行のチェルノブイリ』（文藝春秋、二〇一一）。
※4　ソ連邦の構成国だったウクライナ・ソビエト社会主義共和国が一九九一年八月二四日に独立を宣言した後、「ウクライナ共和国」となり、一九九六年に新憲法が制定されて国名が「ウクライナ」となった。
※5　公用語はウクライナ語だが、二〇一二年に成立した言語法では、地方で話者が一〇%を超える言語を政府機関や学校で使用できるとした。東部や南部の多くの地域では、この法律によりロシア語が第二公用語となった。
※6　平野高志氏の記事「ロシアのプロパガンダを発信してしまう日本の「専門家」たち」（JBpress、二〇二二年二月二日）。

おわりに～そしてわが祖国日本

ウクライナの抵抗を理解できない日本の平和主義者

私たちは、ウクライナの戦いを理解できていないのではないか。現地で戦争のリアルな姿を自分の目で見てみたい。こんな動機から、なけなしの貯えをはたいてウクライナへ向かったのは昨年の秋だった。

ウクライナに滞在していたのは二週間足らず。短い期間ではあるが、私はウクライナの人々が抵抗を続ける強い意思をまのあたりにして、大きな気づきを得ることができた。そして同時に、ウクライナの戦いは、日本に住む私たちの価値観を鋭く問うてきた。

ロシアの「特別軍事作戦」はいかなる国際法によっても正当化されない「侵略」であり、これに対してウクライナの人々は国民総抵抗（レジスタンス）に立ち上がっている。これが私の取材で得たウクライナ戦争の実相である。

あるウクライナ人が「暴漢がある日いきなり私の家に押し入って来て、この家はオレのものだ、財産はみな引き渡せ、妻と娘もオレの自由にすると言って乱暴狼藉をはたらいたら、あなたはどうしますか。暴漢のなすがままを許しますか」と私に訴えた。事態の構図は単純明快である。国際法上もまた人としての道義の上からも、ロシアの侵略に対するウクライナの抵抗戦争は全面的に支持すべきだと思う。

ところが、日本では、「平和が一番」、「命ほど大事なものはない」、「即時停戦」、「正義の戦争はない」といった、誰もが賛成しそうなワンフレーズの標語のもとに、ウクライナ現地で起きている事態とはかけ離れた議論が幅を利かせている。

平和主義者とされるある進歩派文化人は、ウクライナ戦争は「どっちもどっち」で、ロシアの侵略を一応は批判しながらも、ウクライナ国民の戦いも「愚か」で無意味だという。

「ウクライナの兵士なり市民なりが『国を守る』としてみずからの意思で銃を取ること、これは『お国のため』に死ぬことの愚かさをかつての戦争をとおして感じとっている私から見ると愚かだとは思うが、批判するつもりはない。しかし、自分は安全地帯に身を置きながら、戦えと命ずる政治指導者には吐き気を覚える[※1]」

侵略とそれに対する抵抗、両極の二者を同列にして、戦うこと自体を否定するこのロジックでは、かつての日本軍に対する中国の軍民の抵抗も、アメリカ軍に対するベトナム民衆の戦いも、みな「愚か」ということになる。それは侵略する側の目線そのものである。[※2]

平和を声高に唱える人たちがなぜそうなってしまうのか。ここに現れている私たちの思想的な「弱点」を指摘してみたい。

侵略される側に想像が働かない日本人

『「お国のため」に死ぬことの愚かさ』を指摘すること自体は、かつての日本軍国主義への批判と悲惨な戦争への反省を踏まえた重要な教訓である。「一銭五厘《いっせんごりん》」※3の召集令状で兵士として死地に送られ、開拓移民として満蒙で斃《たお》れた多くの国民の怨嗟は戦後の平和への願いへとつながっていった。

ただ、この時の「お国」である日本は、今のウクライナ戦争におけるロシアと同じく、アジアに対する「侵略国」であった。戦後、国民の多くは、日本はアメリカに負けたととらえ、負けるような戦争をして国を誤らせた軍部が悪いと、対米戦の敗戦責任は追及しても、アジアに対する侵略責任、加害責任を深く自覚することはなかった。侵略責任を問うためには侵略とそれに対する抵抗は峻別《しゅんべつ》すべきだが、これが欠けているがゆえに、私たちは戦争一般を平和に対置する「戦争と平和」という平板な認識しかできなくなっている。

戦後日本人が、アジアに対する侵略に再び関与したのがベトナム・インドシナ戦争だった。ドミノ理論をかざしてベトナムに乗り込んできたアメリカを、日本は兵站基地として支えベトナム侵略に加担した。日本ではベトナム戦争に反対する大衆運動が起き、ベトナムの民衆に連帯する動きが広まった。そして、この戦争を多くのジャーナリストが取材し、侵略する側とされる側の双方を伝えた。

当時高校生だった私は、村を丸ごと焼き払い麻薬に溺れる米兵と、森に潜み乏しい食糧を分け合いながら戦い続ける解放戦線の女性兵士のコントラストに衝撃を受けたものだ。これは言うまでもなく、足掛け一五年にわたって中国への侵略戦争を続けた日本軍と飢餓の下でも銃を取って立ち上がった中国の民衆、そして虐殺と略奪にはしるロシア兵と爆撃にさらされながら抵抗を続けるウクライナ国民と同じ構図である。

かつてベトナム戦争を取材し、米軍の枯葉剤の被害を告発してきたフォトジャーナリストの中村梧郎氏は、その取材体験をもとに、ベトナム戦争とウクライナ戦争でともに唱えられた「ケンカ両成敗論」をきびしく批判する。

「糾弾されるべきは侵略戦争であり、それへの抵抗はあくまで正義の防衛戦争であるということだ。侵略とそれに対する抵抗を同列のものと見てはならない。対等な戦争ではないのだ※4」

「戦争反対」、「平和を守れ」という善意に見えるスローガンが、侵略する側とそれに抵抗する側を区別せずに唱えられることによって、結果的にはロシアを利している。「平和主義者」でさえ、侵略される側の立場に思いを寄せることができないという事実は、戦後、侵略国としての加害責任の追及が封じられた宿痾によるものではないだろうか。

アイデンティティをめぐる戦い

先の平和主義者の文章で、「『お国のため』に死ぬことの愚かさ」というときの「国」とは何か。「自分は安全地帯に身を置きながら、戦えと命ずる政治指導者には吐き気を覚える」と続くから、おそらく「国」はその時の「政府」、国家権力を意味するのだろう。

しかし、ウクライナの人々にとっての「国」は、それとは全く違うものだった。彼らがロシアと戦っているのは、ゼレンスキー大統領――先の平和主義者のいう「吐き気を覚える政治指導者」――から命令されたからではないのだ。

本書は「はじめに」で、負傷兵の写真をめぐるエピソードから書き起こしているが、これを撮影したのは、香港出身のフォトジャーナリスト、クレ・カオルさんだ。

香港で遺伝子研究を志していたカオルさんは、二〇一九年の民主化運動の高揚のなかで報道カメラマンに転じた。強引な「中国化」に抗して立ち上がった民衆の闘いを撮影し、政府に批判的な新聞『リンゴ日報』に寄稿していた。中国が二〇年に香港に導入した「香港国家安全維持法（国安法）」により自由な言論が弾圧されるなか、二一年英国に移住。このままジャーナリストをやめてしまったら中国の弾圧に負けたことになる、と取材活動の継続を決意した。日本のアニメが好きで、独学で日本語をマスターし、講演やトークでも流暢《りゅうちょう》な日本語で受け答えする。※5

クレ・カオルさんはロシアの全面侵攻が始まる前にウクライナに入り、断続的に一年におよぶ取材を行ってきた。最前線での戦闘や戦時下の住民の暮らしを自分の眼で見るなか、侵略に抵抗するウクライナ人の姿に「自由は闘わなくては守れない」という香港の民主化運動と共通のメッセージを感じ取ったという。

「はじめに」のエピソードは二二年八月、写真展&トーク「ウクライナの今〜香港人ジャーナリストKaoruさんが見た戦場〜」（主催アムネスティインターナショナル）でのこと。写真を見終わったあとのトークセッションで、娘に日本が攻められたら逃げなさいと言った母親が、ウクライナ人はなぜ戦うのかと尋ねると、カオルさんはこう答えた――

これはアイデンティティを守る戦いだと思います。私も香港人としてアイデンティティを奪われそうになったので抵抗しました。中国共産党は「香港は中国だ」と言う。でも私たちは自分たちを香港人だと思っているのです。プーチンは、ウクライナ人はロシア民族だという。でも、ウクライナの人たちは「そうじゃない、私たちはウクライナ人で独自の文化や歴史、そして自由がある」という。ウクライナの人々が命をかけて文化や自由を守るために闘っていることに共感します。自分が自分であること、アイデンティティを否定されることは人として受け入れられないのです――

プーチン大統領は「ウクライナ人は一つのロシア民族の一部[※6]」であり、ウクライナは「私たちの歴史的領土だ」と明言する。そして「特別軍事作戦」という名の侵略は、ウクライナに「私たちに敵対的な『反ロシア』が作られ」ないようにするためだと述べている。[※7] ロシアの軍事侵攻の本当の目的は、本来ロシアと「一つの民族」であり、その「一部」であるはずのウクライナを取り戻す、つまり親欧米に傾いたウクライナをロシア側に引き戻し、ロシアの一部として取り込むことなのだ。これはウクライナ国民のアイデンティティを真っ向から否定することを意味する。

ここで重要なのは、ウクライナ国民のアイデンティティというとき、それは単にエスニック（民族的）なアイデンティティを意味するのではなく、独立後二回の市民革命を経て築かれてきた市民社会をもとにした「国民」のアイデンティティであることだ。ウクライナの国家統合は民族的な原理ではなく、シヴィックな原理によって成し遂げられつつある。だからこそ、ユダヤ系のゼレンスキー大統領のもと、ロシア系住民までがロシアとの抵抗戦争を戦っているのである。

国民国家形成途上にあるウクライナ

ネーション（国民）という概念は、フランス革命後に世界に広まり、一九世紀にヨーロッパで国民国家（ネーション・ステート）が次々に成立した。フランスの歴史家、エルネスト・ルナンは『国民とは何か』の中で、ネーション（国民）を人種、言語、利害の共通性や地理によって定義する試みを退けながら、こう定義する。

「国民とは魂であり、精神的原理です」

「過去においては共通の栄光を、現在においては共通の意志を持つこと、ともに偉業を成し遂げ、さらなる偉業を成し遂げようとすること」

「過去には共有すべき栄光と悔恨の遺産を、未来には実現すべき同一の計画を持つこと」

「国民は、したがって、人々がこれまで払ってきた犠牲、これからも払うつもりでいる犠牲の感情によって成り立っている大いなる連帯です」

「国民の存在は、日々の人民投票である」※8

二〇二二年八月二四日、ロシアの全面侵攻（二月二四日）からちょうど半年後はウクライナの三一回目の独立記念日となった。その日、ゼレンスキー大統領は国民に、侵略への抵抗は独立のための「二度目の国民投票」だと訴えた。

「二月二四日、私たちには、私たちの言葉を行動とともに証明しなければならなくなった。その日、実質的に二度目の全ウクライナ国民投票が行われたのだ。もう一度重要な質問が生じたのである。もう一度、決定的な選択が生じたのだ。しかし、今回独立に対して「賛成」を示すのは、回答用紙においてではなく、魂と良心の中においてだった。投票所へ行くのではなく、軍事委員会、領土防衛部隊、ボランティア運動、情報部隊へ行く、あるいは単に強固かつ勇敢に自分の場所で働くことが必要だった。全力で、共通の目的のために」

「私たちはとうとう本当に団結したのだ。二月二四日朝四時に世界に現れた新しいネイション（国民）。生まれたのではなく、再生したのだ。泣かなかった、叫ばなかった、怯えなかった、逃げなかった、屈しなかった、忘れなかったネイション[※9]」

ながく国家を持たなかったウクライナは今、国家存亡の戦いのなかで、史上初めて「国民」を形成しながら実質的な真の独立をとげようとしている。

「国」のために戦わない日本人

では、日本がウクライナと同じようにどこかの国から侵略された場合、日本人はどう行動するのだろうか。

「世界価値観調査」（ＷＶＳ）という、世界人口の九〇％の国々・地域を網羅した価値観に関する国際調査がある。世界銀行や国連機関が協賛し、日本での調査には国の研究費助成が出ている。学術論文などにも引用される権威ある調査だ。質問項目の中に「自国のために戦うか（Willingness to fight for country)」がある。

図2　自国のために戦うか

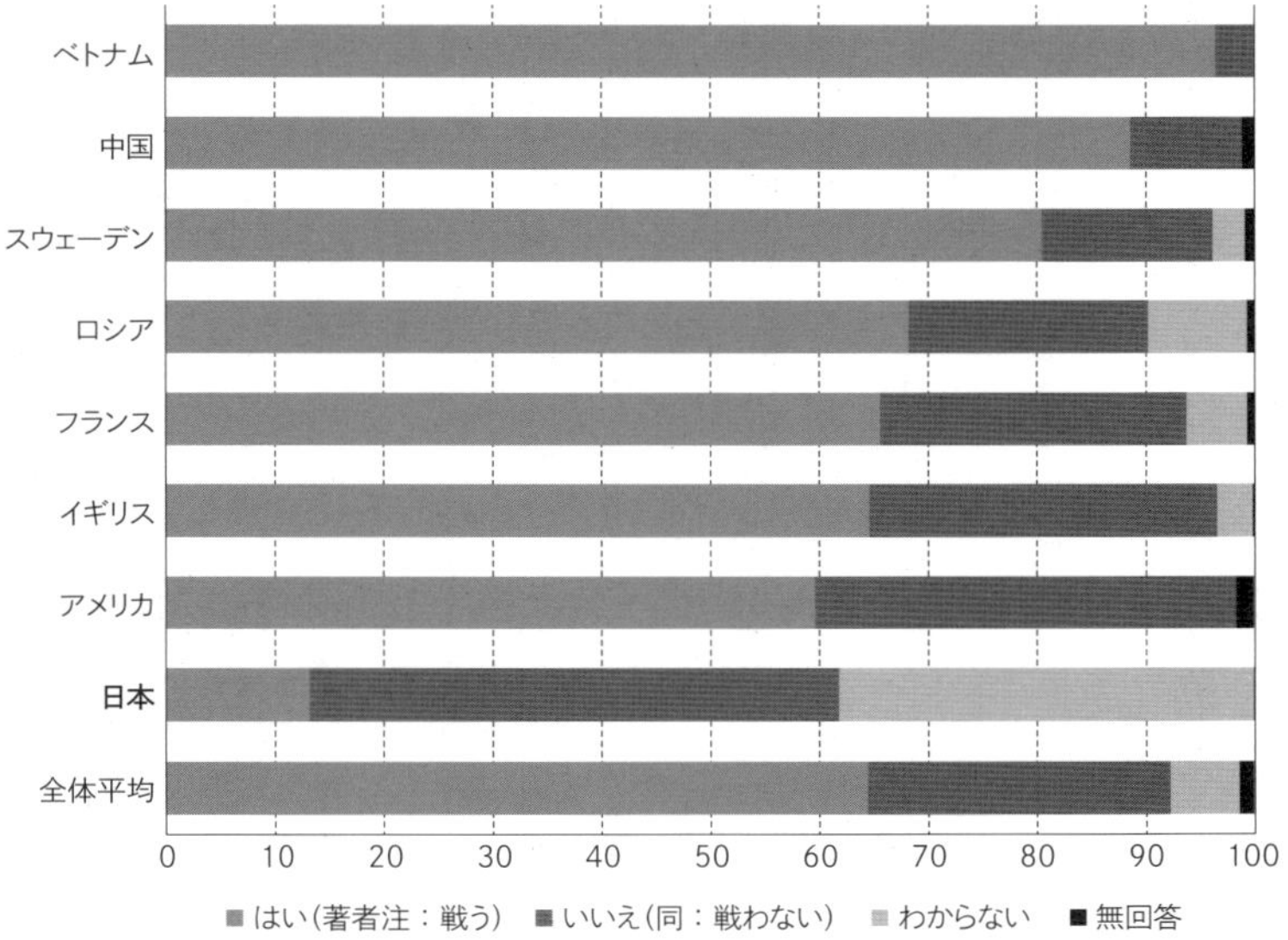

出典：世界価値観調査（ＷＶＳ）2017-2020をもとに著者作成

77カ国の答えより著者が独自に作成したランキングのグラフ。調査は2017～2020年。日本の突出ぶりがよくわかる

質問文は「もう二度と戦争はあって欲しくないというのが我々すべての願いですが、もし万が一そういう事態になったら、あなたは進んで自国のために戦いますか（Of course, we all hope that there will not be another war, but if it were to come to that, would you be willing to fight for your country?)」というもの。調査対象には高齢者や女性もいるから、「戦う（fight)」という言葉は、必ずしも自ら銃をとって戦闘する行為に限るものではなく、「自国が侵略されたら、何らかの方法で戦って抵抗するか」という意味である。

調査対象となったのは七七の国・地域で、全体では「はい」が六四・四%、「いいえ」が二七・八%だった。「はい（戦う）」と答えた人が九六・四%ともっとも多いのはベトナム。主要国では、中国が八八・六%、スウェーデン八〇・五%、ロシア六八・二%、フランス六五・六%、イギリス六四・六%、アメリカ五九・六%で、ウクライナは残念ながら調査対象国ではなかった。わが日本はと見ると最下位。単に順位が一番下というだけではない。「はい」が一三・二%、「いいえ（戦わない）」が四八・六%と世界の中で突出している。他国に侵略されて抵抗するという人は一割と少ししかいない。日本人の答えでもう一つ特徴的なのは、「わからない」が三八・一%と、これも世界一多いことだ。

この結果をどう見ればよいのか。「平和国家」日本の証しとして誇ってよいのだろうか。

世界価値観調査には「あなたは自国民（日本国民）であることにどのくらい誇りを感じていますか（How proud are you to be Nationality?）」という質問項目もある。この問いに、「非常に誇りを持っている（Very proud）」と「かなり誇りを持っている（Quite proud）」と答えた人の割合を合計すると、日本は調査対象九八カ国中八七位とかなり下位にある。

日本が侵略されても「戦わない」、「わからない」と答えるのは、平和についての何らかの信念によるものではなさそうだ。一つには、そういう事態を全く想定したことがない、とまどいがあるだろう。ただ、もう一つ、国民としてのアイデンティティ、言い換えれば「自分の国」、「祖国」という意識の欠如もこの結果にあずかっていると思われる。

私がクレ・カオルさんに、この調査結果を告げて、どう思うかと尋ねると、彼は一言、「日本の人は、『国』というと『政府』をイメージするみたいですね」と言った。香港の人々は、中国共産党の言いなりの香港政府と戦うことが、故郷である香港を愛するという意味で「愛国」的とみなしていた。彼らにとっての「国」＝香港と香港政府は同じものではない。その指摘で思い出したのは、ウクライナの人々にとって「国のため」に戦うことはけっして「政府」や政治指導者のためではなかったことである。

第7章に紹介した青年ボランティア、マックスは「政府も大統領もあてにしていない」と言い切った。また、ウクライナの国家と社会の不正を追及し続けた「反体制派」のロマン・ラトゥシュニーが戦死したとき、人々は愛国の英雄として彼の棺を国旗で覆いその死を悼んだ。

政府を厳しく批判するマックスやラトゥシュニーが守ろうとした「国」とは、自分とその家族や友人、そしてウクライナの同胞であり、この地の自然とそこに育まれた文化をふくめた全体、大きな自分の「故郷」がイメージされている。彼らは、まさしく「ともに偉業を成し遂げ、さらなる偉業を成し遂げようとする」国民（ネーション）なのだった。

その「国」にはロシアとは違う伝統が息づき国民が享受できる自由がある。その誇らしい国の独立を自分たちは選び取った。その国が暴力で蹂躙され、独立と自由が否定されることは、けっして許されないのだ。こうして、ロシアの全面侵攻に対するウクライナの抗戦意識の高さは世界を驚かせたのである。

私たちが育ってきた戦後日本は、戦前の専制的な体制を否定した上に歩みを始めた。国民主権と平和主義、個人の尊厳をうたう新憲法を人々は喜んで迎えた。それは日本人が過去に学んだ貴重な成果だった。結果、「愛国心」という言葉自体に軍国主義のイメージが付きまとい、忌避されてきた。そして今にいたっても愛国心という言葉に違和感が持たれるのは、自民党政府が軍拡を進める文脈のもとで「国を守る気概」などと、愛国心を持ち出すことへの抵抗もあずかっているのだろう。

しかし、だからといって、「国のために戦わない」で済ませてよいのだろうか。先の調査結果は、日本人にとって「国」とは何かという重い問いを投げ掛けている。私たち日本人は「過去には共有すべき栄光と悔恨の遺産を、未来には実現すべき同一の計画を持つ」（ルナン『国民とは何か』）真の意味での「国民」になっているのだろうか。

日本を愛し誇ることができる国民としてのアイデンティティなしには、同じ日本に生きる同胞との一体感、連帯感を持ち得なくなる。日本がどうなろうと私とは関係ない、「国」のために自分がとばっちりを食うのはごめんだという心情からは、この日本を守り、良い未来を創っていこうという気概も責任感も生まれてこないだろう。

際立つ日本人のエゴイズム

ウクライナでは助け合い精神が高まり、第7章で紹介したように「世界人助け指数」（World Giving Index）で昨年度、ウクライナは世界一位だった。これは過去一カ月に、①見知らぬ人を助けたか、②慈善活動に寄付をしたか、③ボランティア活動をしたかの三項目の質問への回答をランク付けし、どれだけ人助けに熱心かを比べる調査である。

では日本は、とみると、一四二カ国中なんと一三九位、下から四番目で、カンボジア（一三六位）やアフガニスタン（一三七位）の下にいる。

表2　「世界人助け指数」ランキング下位グループ

順位	国名	人助け指数	見知らぬ人を助けた※	寄附をした※	ボランティアをした※
136	カンボジア	23	22%	38%	7%
137	アフガニスタン	20	44%	7%	8%
138	ギリシャ	18	43%	6%	6%
139	**日本**	**18**	**21%**	**16%**	**17%**
140	イエメン	18	43%	4%	6%
141	クロアチア	18	30%	17%	7%
142	ポーランド	15	22%	18%	4%

※過去1カ月間

出典：Charities Aid Foundation, "World Giving Index 2023" をもとに作成
(https://www.cafonline.org/insights/research/world-giving-index)

暮らしに困窮し、明日の食事ができるかどうか分からない人が、他人に助けの手を差し伸べるのはむずかしい。だから下位の多くは途上国である。比較的暮らしに余裕のある先進国の日本がこの位置にいること自体が「異常」である。

私は十数年、このランキングを追っているが、二〇二一年、日本は最下位、ビリだった。日本のランクが一番高かったのは、みんなで助け合おうという雰囲気が日本にあふれた東日本大震災の直後で、一四五カ国中八五位。絆という言葉があふれ、あれだけ連帯意識が盛り上がったときでさえ、世界では下の方である。

「政府は貧しい人々の面倒を見るべきか？」

これは、世界四七カ国を対象にアメリカのPew Research Centerが二〇〇七年に行った調査だが、これに「同意する」、つまり面倒を見るべきだと答えた人の割合が、日本は五九％で世界最下位。ちなみに最も高かったのはスペインで九六％、ほかに英国は九一％、中国は九〇％、韓国は八七％、ほとんどの国で九割前後が「同意する」と答えるなか、日本の低さが際立った。

図3 「政府は極貧の人の面倒を見るべき」に同意するか

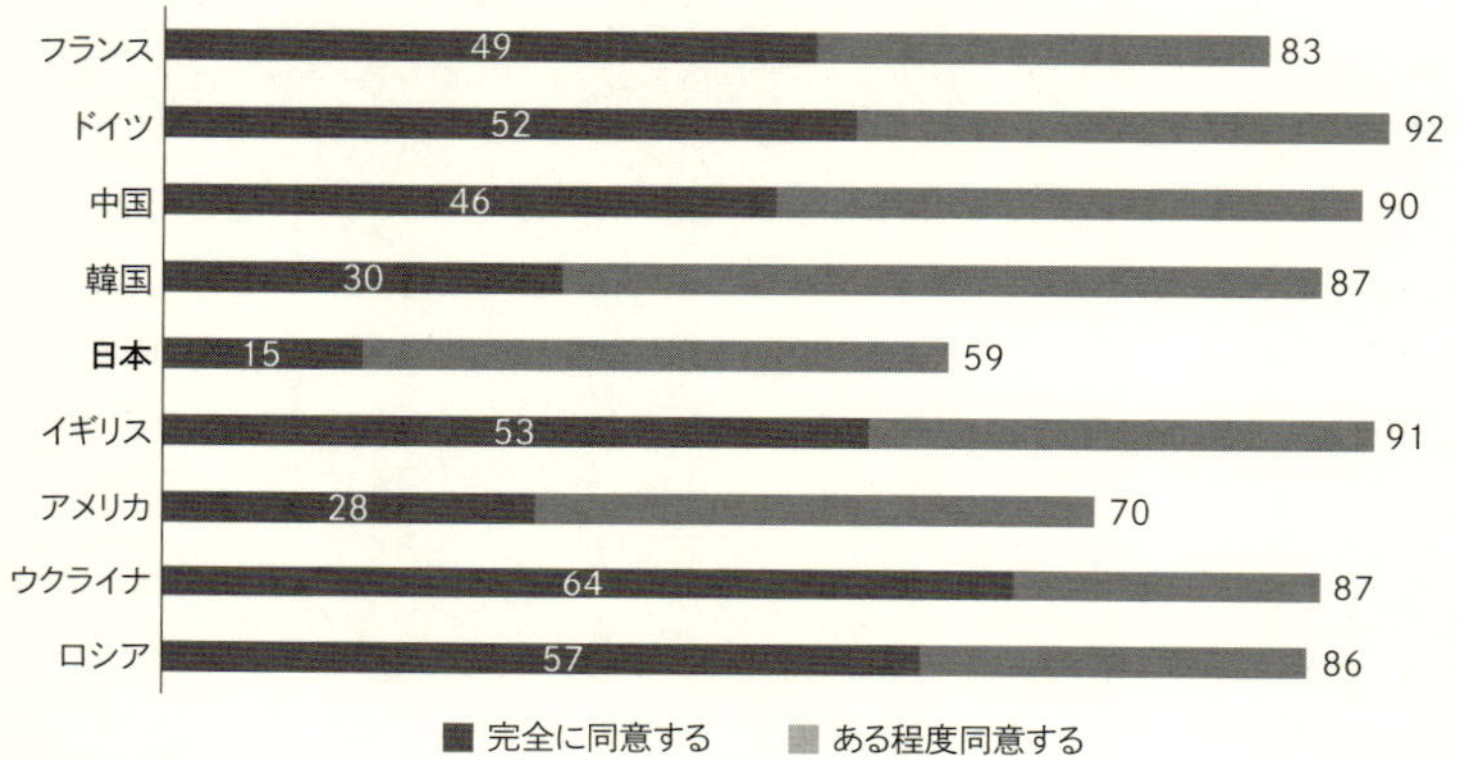

出典：Pew Research Center, “World Publics Welcome Global Trade — But Not Immigration Chapter 1. Views of Global Change”, October 4, 2007. をもとに作成
（https://www.pewresearch.org/global/2007/10/04/chapter-1-views-of-global-change/）

「政府は極貧の人々の面倒をみるべき」（State should take care of the very poor）に同意するかどうかを訪ねた結果。日本は「完全に同意する」が15％しかない

先の「人助け」の調査結果と合わせるとこうなる。日本人は個人として他人に手を差しのべないだけでなく、政府が貧しい人を助けることにも四割以上が反対する。優先されるのは「私」の損得だけとなれば、同胞の不幸を救おうと思わなければ、世の中を良くしようと選挙の投票に行く気も起こるまい。ましてや生死にかかわる戦争となれば、とっとと逃げるにかぎる、となるのは当然だ。だって、私には関係ない、私の得にはならない、のだから。

アフガニスタンで、干ばつに苦しむ農村に水路を作って灌漑《かんがい》で人々を食べられるようにし、凶弾に斃れた故中村哲医師は、自分のことしか考えない近年の日本の風潮をこう嘆いていた。「『自分の身は針でつつかれても飛び上がるが、他人の体は槍で突いても平気』という人々が急増している」と。[※10]

日本では、「命より大事なものはこの世にない」という言葉をよく聞く。そこから侵略されても戦

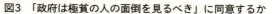

うな、逃げろ、となるのだが、では、ウクライナ人は命を粗末にしているのだろうか。
日本人が「命が大事」と言うときの「命」は、「私」だけの、あるいは自分の家族など狭い「私たち」だけの「命」を意味しているように思われる。要は「私が死にたくない」と言っているだけではないのか。

では、ウクライナの人々は何のために戦っているのか。前線で従軍するある兵士はこう言った。
「私が戦うのは私と家族の命と暮らしを守るためです。それに死んでいった仲間の命を無駄にはできない。スポーツ大会や祭りなどがまたやれるようになって、ウクライナのすべてが元に戻るよう、必ず勝たねばなりません」

別の兵士は――
「私たちはロシア人じゃない。ウクライナには独自の文化も言葉もある。すばらしいウクライナと自由を奪われたくない。私たちは子どもたちの未来のために戦っている」と言った。

ウクライナ人が守ろうとする「命」には、すべての同胞、そしてまだ見ぬ先の次世代を含む無数の「命」がイメージされている。「祖国」という言葉に込められたその大きな「命」のために、場合によっては「私の命」を捧げてもよいと考えているのだ。

ウクライナに滞在中、私は常に「ここが日本なら、あなたはどうする？」と問われているように感じていた。そして抵抗を続けるウクライナの人々の心をほんとうに理解するには、日本に住む私たちの意識や考え方を根本的に問い直さなければならないことに思いいたった。

なぜ、私たちの価値観はこうなっているのか、これからどうしていけばよいのか。戦争と平和、祖国と国家と国民、さらには人が生きて死んでいくことの意味をどう考えるべきなのか。私はこの答えを探し続けていこうと思う。

最後に、この本を読んでくれた読者にも問い掛けてみたい。

あなたはウクライナの戦いを理解できますか？

ここがウクライナなら、あなたはどうしますか？

※1　海老坂武「ウクライナの戦争に思うこと」『市民の意見』№１９１、二〇二二年六月三日。(https://www.iken30.jp/bulletin/191/)

※2　明治以降の日本が侵略国であり続けてきたことの自覚のなさについては、加藤直樹『ウクライナ侵略を考える〜「大国」の視線を超えて』(あけび書房、二〇一四)に大きな示唆を受けた。

※3　終戦前の郵便葉書料金が一銭五厘で、召集される兵士の命が軽いことのたとえとして使われた表現。

※4　中村梧郎『記者狙撃　ベトナム戦争とウクライナ』(花伝社、二〇二三)二二四頁。

※5　クレ・カオルさんを追ったドキュメンタリー番組に『ボクと自由と国安法と　香港６００時間の映像記録』(ＮＨＫＢＳ１、二〇二三年九月一〇日放送)がある。

※6　今年二月、トランプ前大統領の「同志」とされる米ＦＯＸニュースの元キャスター、タッカー・カールソンによるインタビューでの言葉。

※7　二月二四日のウクライナ侵攻の直前に、ロシアの国営テレビが放送したプーチン大統領の国民向けの演説「特別軍事作戦の実施について」での発言。

※8　エルネスト・ルナン著、長谷川一年訳『国民とは何か』(講談社学術文庫)三四〜三六頁。

※9　「「私たちにとっての戦争の終わりとは【勝利】」　ゼレンシキー大統領、ウクライナ独立記念日に演説」Ukrinform、二〇二二年八月二四日付。(https://www.ukrinform.jp/rubric-polytics/3557051-zerenshiki-yu-da-tong-lingukuraina-du-li-ji-nian-ri-ji-nian-yan-shuo.html)

※10　「新ガリバー旅行記(46)　心気症」『西日本新聞』への寄稿(二〇〇〇年八月二六日付)。

参考資料

加藤直樹『ウクライナ侵略を考える～「大国」の視線を超えて』（あけび書房、二〇二四年）
アレクサンドラ・グージョン著、鳥取絹子訳『ウクライナ現代史～独立後30年とロシア侵攻』（河出新書、二〇二二年）
アンドレイ・クルコフ著、吉岡ゆき訳『ウクライナ日記～国民的作家が綴った祖国激動の155日』（ホーム社、二〇一五年）
アンドレイ・クルコフ著、福間恵訳『侵略日記』（ホーム社、二〇二三年）
黒川祐次『物語ウクライナの歴史～ヨーロッパ最後の大国』（中公新書、二〇〇二年）
小泉悠「ウクライナ戦争をめぐる「が」について」『世界』二〇二三年一〇月号（岩波書店）
小泉悠『終わらない戦争～ウクライナから見える世界の未来』（文春新書、二〇二三年）
中井和夫『ウクライナ・ナショナリズム～独立のディレンマ』（東京大学出版会、一九九八年）
服部倫卓・原田義也編著『ウクライナを知るための65章』（明石書店、二〇一八年）
平野高志『ウクライナ・ファンブック～東スラヴの源泉・中東欧の穴場国』（パブリブ、二〇二〇年）
オリガ・ホメンコ『キーウの遠い空～戦争の中のウクライナ人』（中央公論新社、二〇二三年）
山形英郎「国際法からみたロシアのウクライナ侵攻」『経済』二〇二二年八月号（新日本出版社）
エルネスト・ルナン著、長谷川一年訳『国民とは何か』（講談社学術文庫、二〇二二年）
NHK　ETV特集『ブラッドが見つめた戦争～あるウクライナ市民兵の8年』（西野晶ディレクター（オスタスジャパン）、二〇二二年一一月五日放送）

著者紹介

高世 仁（たかせ・ひとし）

1953年、山形県生まれ。ジャーナリスト。早稲田大学法学部卒業。日本電波ニュース社勤務を経てテレビ制作会社「ジン・ネット」を設立。報道・ドキュメンタリー番組を数多く制作してきた。現在はフリー。著書に『拉致—北朝鮮の国家犯罪』（講談社文庫）、『ジャーナリストはなぜ「戦場」に行くのか（共著）』（集英社新書）、『チェルノブイリの今—フクシマへの教訓』（旬報社 DVD BOOK）、『自由に生きていいんだよ（森本喜久男との共著）』『中村哲という希望（佐高信との共著）』（旬報社）ほか。

ウクライナはなぜ戦い続けるのか
ジャーナリストが戦場で見た市民と愛国

2024年12月25日　初版第1刷発行

著　　者——高世 仁
装　　丁——宮脇宗平
編集担当——川嶋みく
発 行 者——木内洋育
発 行 所——株式会社 旬報社
〒162-0041 東京都新宿区早稲田鶴巻町544 中川ビル
TEL 03-5579-8973　FAX 03-5579-8975
HP https://www.junposha.com/
印刷製本——精文堂印刷株式会社

ISBN978-4-8451-1956-1